中国出版"走出去"重点图书出版计划立项
北大主干基础课教材立项
北大版商务汉语教材·新丝路商务汉语技能系列

新丝路
New Silk Road Business Chinese
商务汉语写作教程
BCT

李晓琪　主编
林　欢　编著

图书在版编目(CIP)数据

新丝路：商务汉语写作教程/李晓琪主编；林欢编著. —北京：北京大学出版社，2009.5
（北大版商务汉语教材·新丝路商务汉语技能系列）

ISBN 978-7-301-15161-7

Ⅰ. 新…　Ⅱ. ①李…②林…　Ⅲ. 商务-汉语-写作-对外汉语教学-教材　Ⅳ. H195.4

中国版本图书馆CIP数据核字(2009)第062188号

书　　　　名：	新丝路——商务汉语写作教程
著作责任者：	李晓琪　主编　林　欢　编著
责 任 编 辑：	孙　娴　suzannex@126.com
标 准 书 号：	ISBN 978-7-301-15161-7/H·2241
出 版 发 行：	北京大学出版社
地　　　　址：	北京市海淀区成府路205号　100871
网　　　　址：	http://www.pup.cn
电 子 邮 箱：	zpup@pup.pku.edu.cn
电　　　　话：	邮购部62752015　发行部62750672　编辑部62752028　出版部62754962
印 　刷　者：	北京虎彩文化传播有限公司
经 　销　者：	新华书店
	889毫米×1194毫米　大16开　9.5印张　248千字
	2009年5月第1版　2023年9月第6次印刷
定　　　　价：	38.00元

未经许可，不得以任何方式复制或抄袭本书之部分或全部内容。

版权所有，侵权必究　举报电话：010-62752024
　　　　　　　　　　电子邮箱：fd@pup.pku.edu.cn

新丝路商务汉语系列教材总序

近年来,随着中国经济的持续快速发展,中国与其他国家贸易交流往来日益密切频繁,中国在国际社会的政治经济和文化影响力日益显著,与此同时,汉语正逐步成为一个重要的世界性语言。

与此相应,来华学习汉语和从事商贸工作的外国人成倍增加,他们对商务汉语的学习需求非常迫切。近年来,国内已经出版了一批有关商务汉语的各类教材,为缓解这种需求起到了很好的作用。但是由于商务汉语教学在教学理念及教学方法上都还处于起步、探索阶段,与之相应的商务汉语教材也在许多方面都存在着进一步探索和提高的空间。北京大学对外汉语教育学院自2002年起受中国国家汉语国际推广领导小组办公室的委托,承担中国商务汉语考试(BCT)的研发,对商务汉语的特点及教学从多方面进行了系统研究,包括商务汉语交际功能、商务汉语交际任务、商务汉语语言知识以及商务汉语词汇等,对商务汉语既有宏观理论上的认识,也有微观细致的研究;同时学院拥有一支优秀的多年担任商务汉语课程和编写对外汉语教材的教师。为满足社会商务汉语学习的需求,在认真研讨和充分准备之后,编写组经过3年的努力,编写了一套系列商务汉语教材,定名为——新丝路商务汉语教程。

本套教程共22册,分三个系列。

系列一,综合系列商务汉语教程,8册。本系列根据任务型教学理论进行设计,按照商务汉语功能项目编排,循序渐进,以满足不同汉语水平的人商务汉语学习的需求。其中包括:

初级2册,以商务活动中简单的生活类任务为主要内容,重在提高学习者从事与商务有关的社会活动的能力;

中级4册,包括生活类和商务类两方面的任务,各两册。教材内容基本覆盖与商务汉语活动有关的生活、社交类任务和商务活动中的常用业务类任务;

高级2册,选取真实的商务语料进行编写,着意进行听说读写的集中教学,使学习者通过学习可以比较自由、从容地从事商务工作。

系列二,技能系列商务汉语教程,8册,分2组。其中包括:

第1组:4册,按照不同技能编写为听力、口语、阅读、写作4册教材。各册注意突出不同技能的特殊要求,侧重培养学习者某一方面的技能,同时也注意不同技能相互间的配合。为达此目的,技能系列商务汉语教材既有分技能的细致讲解,又按照商务汉语需求提供大量有针对性的实用性练习,同时也为准备参加商务汉语考试(BCT)的人提供高质量的应试培训材料。

第2组:4册,商务汉语技能练习册。其中综合练习册(BCT模拟试题集)2册,专项练习册2册(一本听力技能训练册、一本阅读技能训练册)。

系列三,速成系列商务汉语教程,6册。其中包括:

初级2册,以商务活动中简单的生活类任务为主要内容,重在提高学习者从事与商务有关的社会活动的能力;

中级2册,包括生活类和商务类两方面的任务。教材内容基本覆盖与商务汉语活动有关的生活、社交类任务和商务活动中的常用业务类任务;

高级2册,选取真实的商务语料进行编写,着意进行听说读写的集中教学,使学习者通过学习可以比较自由、从容地从事商务工作。

本套商务汉语系列教材具有如下特点:

1. 设计理念新。各系列分别按照任务型和技能型设计,为不同需求的学习者提供了广泛的选择空间。

2. 实用性强。既能满足商务工作的实际需要,同时也是BCT的辅导用书。

3. 覆盖面广。内容以商务活动为主,同时涉及与商务活动有关的生活类功能。

4. 科学性强。教材立足于商务汉语研究基础之上,吸取现有商务汉语教材成败的经验教训,具有起点高、布局合理、结构明确、科学性强的特点,是学习商务汉语的有力助手。

总之,本套商务汉语系列教材是在第二语言教材编写理论指导下完成的一套特点鲜明的全新商务汉语系列教材。我们期望通过本套教材,帮助外国朋友快速提高商务汉语水平,快速走进商务汉语世界。

新丝路商务汉语系列教材编写组
于北京大学勺园

新丝路商务汉语系列教材总目

新丝路商务汉语综合系列　　李晓琪　主编	
新丝路初级商务汉语综合教程Ⅰ	章　欣　编著
新丝路初级商务汉语综合教程Ⅱ	章　欣　编著
新丝路中级商务汉语综合教程（生活篇）Ⅰ	刘德联　编著
新丝路中级商务汉语综合教程（生活篇）Ⅱ	刘德联　编著
新丝路中级商务汉语综合教程（商务篇）Ⅰ	蔡云凌　编著
新丝路中级商务汉语综合教程（商务篇）Ⅱ	蔡云凌　编著
新丝路高级商务汉语综合教程Ⅰ	韩　熙　编著
新丝路高级商务汉语综合教程Ⅱ	韩　熙　编著

新丝路商务汉语技能系列　　李晓琪　主编	
新丝路商务汉语听力教程	崔华山　编著
新丝路商务汉语口语教程	李海燕　编著
新丝路商务汉语阅读教程	林　欢　编著
新丝路商务汉语写作教程	林　欢　编著
新丝路商务汉语考试阅读习题集	李海燕　编著
新丝路商务汉语考试听力习题集	崔华山　编著
新丝路商务汉语考试仿真模拟试题集Ⅰ	李海燕　林　欢　崔华山　编著
新丝路商务汉语考试仿真模拟试题集Ⅱ	李海燕　崔华山　林　欢　编著

新丝路商务汉语速成系列　　李晓琪　主编	
新丝路初级速成商务汉语Ⅰ	蔡云凌　编著
新丝路初级速成商务汉语Ⅱ	蔡云凌　编著
新丝路中级速成商务汉语Ⅰ	崔华山　编著
新丝路中级速成商务汉语Ⅱ	崔华山　编著
新丝路高级速成商务汉语Ⅰ	李海燕　编著
新丝路高级速成商务汉语Ⅱ	李海燕　编著

编写说明

(一) 商务汉语考试写作题型简介

商务汉语考试写作部分共两道题,内容范围是商务活动或与之有关的生活社交活动。每道题以文字或图表的形式提供有关材料,并提出具体的要求。写作的文体以书信和短小的说明文、议论文为主。

字数要求:第一题,80～120字;第二题:不少于250字。

考试时间:40分钟。

书写要求:全部用汉字书写(可以用繁体字),每个汉字及标点符号占一个格。

写作考试考查考生在商务活动和社交活动中的书面表达能力及汉字书写能力。具体要求是:

1. 能用书面表达的方式完成所要求的交际任务。
2. 条理清楚,语言通顺,表达得体,汉字书写正确。

(二) 本书的编写目的

本书的编写目的是在《商务汉语考试大纲》的指导下,帮助和训练学习者尽快熟悉和掌握商务汉语写作考试的题型及考试的重点和方法。为达此目的,本书根据商务汉语写作考试的特点,归纳和梳理了相关的考试文体,并且以力求简单明了的方式展现给读者。本书的重点在讲清楚每种文书的格式和写法,既展示规范典型的例文,又举出了有缺陷的例文,每篇例文都有参考分数和讲评,使读者不但知其然,而且知其所以然。另外,每课列举的常用词语和常用搭配,能帮助读者正确掌握商务词语的用法,并逐渐学会使用复杂的句式。

（三）本书的编写框架

本书分上下两编，共11课。上编5课，是针对商务汉语考试写作第一题的写作训练；下编6课，是针对商务汉语考试写作第二题的写作训练。

上编的主要内容包括各种图表作文，各种简单的与商务活动有关的短文写作，如通知、请柬、便条、启事、声明等；

下编的内容逐步深入到商务活动之中，包括各种业务往来书信、求职类书信、礼仪书信，以及说明书、广告和报告。

（四）鸣谢

为使本书内容更加充实，在编写过程中，我们吸收了写作教学领域，特别是商务写作教学领域的最新研究成果。冯兮、王晓红、肖玲《现代商务文书格式与范例》（西南财经大学出版社，2003）；王涛、游磊、权小宏《如何进行商务文书写作》（北京大学出版社，2006）；（美）Keith Adams，Rafael Dovale 原著，朴玉、陈兵翻译《朗文商务汉语①》（长春出版社，2004）；孙宝水主编《应用写作（第二版）》（高等教育出版社，2000）等书给我们很大的启发和帮助，在此，谨向以上作者表示敬意和感谢。

林　欢

目　录

上编　商务汉语考试——写作第一题

第一课　图表作文（一） ………………………………………………… 3
第二课　图表作文（二） ………………………………………………… 14
第三课　通知、请柬和聘书 ……………………………………………… 28
第四课　便条、启事和声明 ……………………………………………… 42
第五课　其他文书 ………………………………………………………… 56

下编　商务汉语考试——写作第二题

第六课　书信（一）　业务往来书信（上） …………………………… 69
第七课　书信（二）　业务往来书信（下） …………………………… 82
第八课　书信（三）　求职类书信 ……………………………………… 90
第九课　书信（四）　礼仪书信 ………………………………………… 100
第十课　说明书和广告 …………………………………………………… 113
第十一课　报告 …………………………………………………………… 125
生词总表 …………………………………………………………………… 134
常用表达总表 ……………………………………………………………… 139

上 编

商务汉语考试——写作第一题

商务汉语考试写作部分的第一题,字数要求80~120字,内容涉及商务活动或与商务活动有关的生活社交活动,包括图表分析说明、通知、请柬、便条、启事和声明、催款书、催货书、询价函、答复函、接受函等。

上编包括五课:

第一课　图表作文(一)

第二课　图表作文(二)

第三课　通知、请柬和聘书

第四课　便条、启事和声明

第五课　其他文书

第一课　图表作文(一)

"图表"包括两类,一类是图,一类是表,图表在商务活动中应用十分广泛。看懂图表并能进行准确的描述是商务工作中一项重要技能。图表作文是商务汉语写作考试的重要形式之一。我们分两课介绍图表作文的写作方法。第一课介绍"图",即"看图作文"的写作技巧,我们把这类作文称之为"图表作文(一)"。第二课讲解常见的三种表格(数据表、日程表和工作计划表)的分析说明方法,我们称之为"图表作文(二)"。

看图作文的写作任务主要有三个:

1. 描述图表反映的事实或变化;
2. 对不同的数字进行比较和说明;
3. 根据图表总结出规律,简单分析原因或结果。

写作准备

步骤一　弄清图所表示的意思

看图作文,首先要把图看懂。商务活动中常见的图有柱形图、饼图和折线图(例图见下)。柱形图主要适用于反映几个项目之间的对比;饼图适于表示百分比的关系;折线图更适合用来表现事物的变化趋势。

柱形图[1]

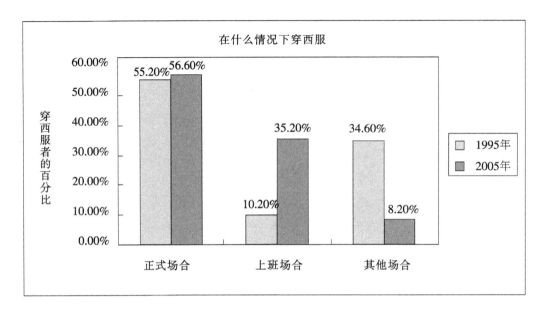

饼图[2]

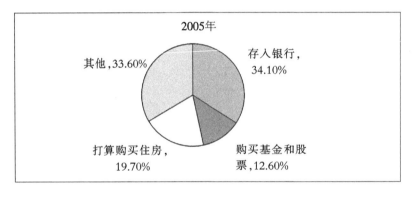

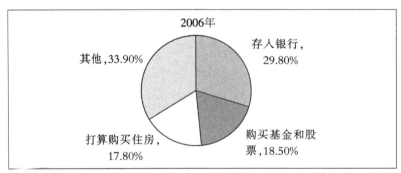

---

[1] 见《商务汉语考试大纲》第61页写作样题1。
[2] 详见后文实践练习1。

第一课
图表作文（一）

折线图[①]

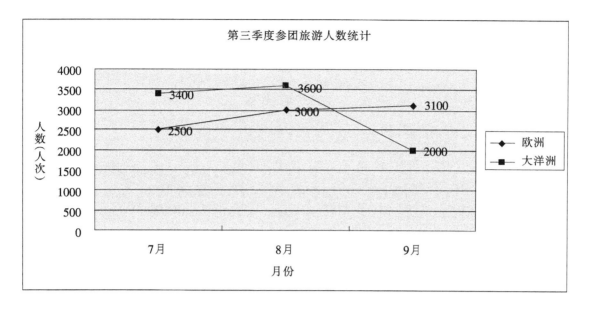

步骤二 掌握特定表达方式

要用语言准确地描述图表，说明图表的意义，需要掌握以下表达法。

常用表达

1. **这幅(/本)图告诉我们**（常用于作文的开头）

   ◇ 这幅图/本图告诉我们，31岁到40岁的人每周上网时间最长。

2. **从图中我们可以看出**（常用于作文的开头）

   ◇ 从图中我们可以看出，有19%的用户对我厂的产品不满意。

3. **由此可见**（常用于作文的结尾）

   ◇ 由此可见，我们需要改变公司的管理方式。

4. **总之**（常用于作文的结尾）

   ◇ 总之，人们都希望提高自己的生活质量。

5. **因此**

   ◇ 天气预报说，明天有中到大雨，因此，我们的产品宣传会改在室内举行。

---

① 详见后文实践练习2。

6. 相反
   ◇ 拥有私人轿车的家庭越来越多,可是周末去郊区游玩的人并没有增加,相反,更多的市民愿意待在家中休闲。

7. 与此同时
   ◇ 经济发展了,人们的生活水平提高了。与此同时,越来越多的人希望通过研修提高自己的文化水平。

8. 和(/同/与)……相比
   ◇ 和1995年相比,穿西服上班的人明显增加。

9. 占
   ◇ 大学生打工的情况并不普遍,靠打工挣生活费的学生只占10%。

10. 大幅上升　大幅下降　小幅增加
    ◇ 十二月,我公司的产量大幅上升。
    ◇ 春节过后,商场营业额大幅下降。
    ◇ 四月,我俱乐部的长期会员小幅增加。

11. 有所增加　有所下降
    ◇ 黄金周期间,对餐馆服务质量的投诉有所增加,平均每天10件左右。
    ◇ 百花宾馆的开业对我饭店有一定影响,本周的客房出租率有所下降。

12. 比……减少了……百分点
    ◇ 2007年,希望购买住房的人比上年减少了5个百分点。

13. 增幅达到……
    ◇ 2006年,出国旅游的人数大幅增加,增幅达到8%(百分之八)。

14. 呈上升趋势　持续增加
    ◇ 三月的第一周,沪市股票交易量呈上升趋势。
    ◇ 2005年和2006年,希望去私营企业就职的毕业生持续增加。

15. 基本持平
    ◇ 一季度和二季度,本市的失业率基本持平。

16. 仅
    ◇ 一月份,93号汽油的价格每升仅下降了0.10元。

第一课
图表作文(一)

样题分析

《商务汉语考试大纲》商务汉语考试样卷写作第一题,提供的材料是柱形图和说明文字:

某公司在1995年和2005年分别对某市的500名男性的着装情况做了调查。其中一项调查的结果如下:

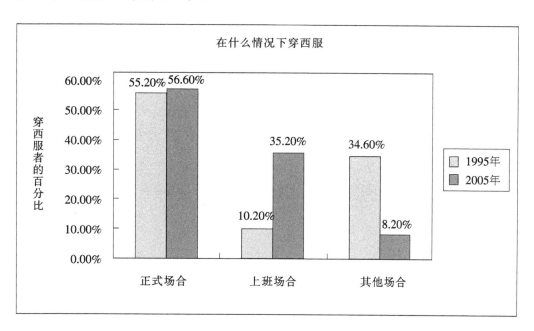

请写一篇短文:
- 对1995年和2005年的情况做一个简要的比较。

要求:80~120字。

写作提示

1. 看懂柱形图和文字说明。在这个题里,柱形图的X轴表示场合,Y轴表示穿西服者的百分比。说明文字的难点是"对某市的500名男性的着装情况做了调查",在这个句子中,"着装"意思是穿衣戴帽,"对……做了调查"意思是调查了……

2. 任务要完成。这个题要求比较1995年和2005年的情况,两年的情况都要说到。另外,图中列出了三种场合:"正式场合"、"上班场合"和"其他场合",要完成交际任务,三个场合的情况都要说,不能遗漏。

3. 词语要准确。前面说过,分析说明图表需要熟练掌握特定的表达方式。

本题建议选择下列词语：

本图告诉我们　仅　占　基本持平　大幅增加

比……减少……百分点　相反

4．注意控制字数①，题目要求80～120字，不要多写，否则会影响第二题的写作。

例文和讲评

例文1

从图中我们可以看出，2005年，该市男性在正式场合穿西装的百分比与1995年基本持平，仅上升了1.4个百分点。但是，穿西装去上班的人大幅增加，达到35.2%；相反，在其他场合穿西装的人只占8.2%，比1995年下降了26.4个百分点。（96字）

讲评

例文1可得9～10分。交际任务全部完成，语句通顺，能正确使用商务词语"与……基本持平"、"上升了1.4个百分点"等，并能熟练运用比较复杂的句式，如："相反，在其他场合穿西装的人只占8.2%，比1995年下降了26.4个百分点"。

例文2

图告诉我们，2005年比1995年，男人穿西服的情况有变化。2005年，穿西服上班的人是35.2%，比1995年有了很大增长。2005年在"其他场合"穿西服的人只是8.2%，比1995年少了很多。在"正式场合"穿西装的情况变化小。（90字）

讲评

例文2可得6～7分，交际任务基本完成，语句也较通顺，但是句式比较简单，而且有三处表达不太准确：

1．"图告诉我们"，应改为："这幅图告诉我们"或"从图中我们可以知道"。

---

① 控制字数是做写作考试第一题必须牢记的一点。

2. "2005年比1995年",应改为:"与1995年相比,2005年……"。

3. "在'其他场合'穿西服的人只是8.2%",应改为:"在'其他场合'穿西服的人只有8.2%"。

例文3

图说:2005年,穿西服在正式场合的人是56.6%,穿西服去上班的人是35.2%,在"其他场合"穿西装的人只是8.2%,比1995年少多了。现在,人们知道什么时候穿西装了。(69字)

讲评

例文3只能得到4~5分,短文主要说的是2005年的情况,只有一句"比1995年少多了"提到与1995年的比较。因此,例文3只完成了一部分交际任务。此外,文中的句式过于简单,词语也有不正确的地方:

1. "图说"和"在'其他场合'穿西服的人只是8.2%"不正确,错误跟例文2差不多。

2. "穿西装在正式场合的是56.6%",应改为:"在正式场合穿西装的(人)占56.6%"。

3. 字数只有69字,没有达到要求。

实践练习1

2005年和2006年,中国人民银行分别对20000名城镇储户做了"富余的钱怎么办?"的调查,下面是调查结果:

富余的钱怎么办?

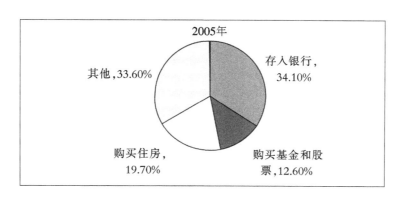

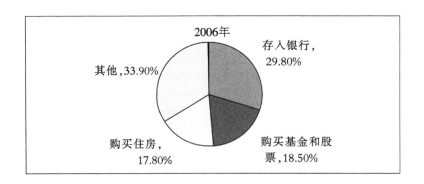

请写一篇短文:
- 对2005年和2006年的变化情况做一个简要的比较。
要求:80～120字。

写作提示

1. 写作任务:

这道题给出的材料是说明文字和两幅饼图,两幅饼图分别表示2005年和2006年的调查结果。调查的目的是了解城镇居民的理财方式。图中谈到了四个方面:"存入银行"、"购买住房"、"购买基金和股票"和"其他"。2006年,前三种方式都有变化,需要分别说明。"其他"部分基本没有变化,可以不说。

2. 建议使用词语:

理财方式　将……存入银行　同……相比　明显增加
与此同时　可见　投资意识增强

参考答案

这两幅图告诉我们,同2005年相比,2006年居民的理财方式变化不小。购买住房的人数降低了近两个百分点。将钱存入银行的人明显减少,降幅达4.3%。与此同时,选择购买基金和股票的人数大幅增加,达到18.5%。可见,居民的投资意识增强。(105字)

本参考答案可得9～10分。交际任务全部完成,语句通顺,数字信息表达准确。

实践练习 2

下图是我市第三季度参团旅游人数统计。

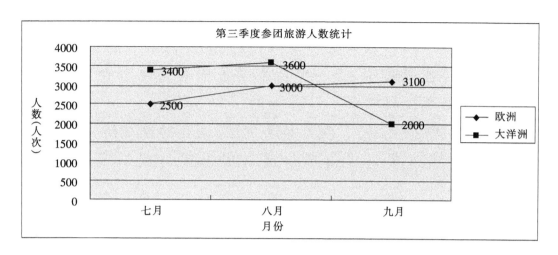

请写一篇短文：

· 对七、八、九 3 个月参加旅行团旅游的人数及目的地情况做一个比较说明，并简单说明原因。

要求：80～120 字。

写作提示

1. 写作任务：

这道题给出的材料是说明文字和一幅折线图，图中的两条线分别代表旅游目的地欧洲和大洋洲。本题的写作任务有两个：(1) 分别说明七、八、九 3 个月，去欧洲和大洋洲旅游人数的变化；(2) 说明产生变化的原因。这道题具有一定的挑战性。

2. 建议使用词语：

去往　参团旅游　大幅减少　明显减少　呈上升趋势　参加英语研修

---

① 见《新丝路：商务汉语考试仿真模拟试题集 II》第 102 页写作模拟题 1(李晓琪主编，北京大学出版社，2008)。

参考答案

　　从图中我们可以看出,从七月到八月,我市参团旅游人数呈上升趋势。但是到了九月份,去往欧洲的人数变化不大,去大洋洲的游客却明显减少。原因在于:七月和八月学生放暑假,不少学生利用暑假去大洋洲参加英语研修;九月学校开学,学生游客大幅减少。(115字)

　　本参考答案可得9～10分。交际任务完成,语言准确简练。

生　词

广泛	guǎngfàn	(形)	wide-ranging; wide-spread
描述	miáoshù	(动)	describe
分析	fēnxī	(动)	analyze; analysis
规律	guīlǜ	(名)	rule
基金	jījīn	(名)	fund
股票	gǔpiào	(名)	stock
掌握	zhǎngwò	(动)	grasp; master
用户	yònghù	(名)	user
轿车	jiàochē	(名)	sedan car
研修	yánxiū	(动)	pursue studies
明显	míngxiǎn	(形)	obvious
普遍	pǔbiàn	(形)	popular
挣	zhèng	(动)	earn
大幅	dàfú	(形)	substantially; by a wide margin
黄金周	huángjīnzhōu	(名)	golden week
投诉	tóusù	(动)	complain
出租率	chūzūlǜ	(名)	room occupancy

第一课
图表作文（一）

增幅	zēngfú	（名）	growing rate
交易量	jiāoyìliàng	（名）	trading volume
趋势	qūshì	（名）	trend
呈	chéng	（动）	appear；demonstrate
着装	zhuózhuāng	（动）	clothing
熟练	shúliàn	（形）	skilled；proficient
控制	kòngzhì	（动）	control
理财	lǐcái	（动）	wealth management；financing
投资	tóuzī	（动）	invest

第二课　图表作文(二)

在第一课图表作文(一)中,我们介绍的是如何对柱形图、饼图和折线图进行分析描述。在商务活动中,经常使用的还有各种表格。表格的优点是醒目、直观,可以突出数字信息。最常见的表格有:数据表、日程表和工作计划表(例表见下)。本课讲解这三种常见表格的分析说明方法。

写作准备

步骤一　了解表格的形式

数据表①

弹性工作时间制度对各方面工作的影响

	负面影响	无明显影响	正面影响
内部联络	13%	87%	
会议	34%	66%	
员工积极性		9%	91%

日程表②

工 作 日 历	
7月	癸未年六月小
8日 星期二 初九	9:00　见总经理,谈四季度预算。 10:20　与加拿大方面修改合同条款,重签。 12:00　在"一洞天"宴请新加坡"三达"公司,预订一桌,席间谈专用工作服销售问题。 2:00　与供电局谈电力供应。(昨天已谈) 　　　去开发区施工现场处理问题。

---

① 见《新丝路:商务汉语考试仿真模拟试题集I》(李晓琪主编,北京大学出版社,2007)第45页写作模拟题1,有删节。

② 见《商务汉语考试大纲》第29页61—62题,有删节。

第二课　图表作文（二）

工作计划表

羊绒衫需求意向市场调查计划表

调查目标	了解消费者对羊绒衫的需求意向
调查对象	本市四家大型商场年龄在 30 岁以上的消费者
调查方法	问卷调查
所需时间	2007 年 4 月 1—14 日，共两周
所需人数	每家商场需派 3 名，共计 12 名
资金	预算 1 万元

步骤二　掌握特定表达方式

第一课已经列举了不少描述图表需要用到的表达，这里再补充一些。

常用表达

1. **这张(/本)数据表告诉我们**（常用于作文的开头）
   ◇ 这张数据表告诉我们，我区经常使用互联网的人减少了 5%。
   ◇ 本数据表告诉我们，我公司一季度的出口额有所减少。

2. **从这张工作日程表(/计划表)我们可以看出**（常用于作文的开头）
   ◇ 从这张工作日程表我们可以看出，张经理近日的工作重点是与外商谈判。
   ◇ 从这张工作计划表我们可以看出，进行此项调查需要两周时间。

3. **为(了)**
   ◇ 为了解用户对我公司产品的意见和建议，市场部计划举办一次用户联谊活动。
   ◇ 为提高工作效率，公司决定调整作息时间。
   ◇ 为了商讨解决方案，我们邀请了建筑行业的专家。

4. **分别**
   ◇ 开车和坐班车上下班的人分别占 5% 和 10%。
   ◇ 中国国家总理温家宝今天上午分别会见了日本和美国客人。

5. **以及**
   ◇ 我们计划在电视一台、《经济日报》以及《都市晚报》上宣传我公司的新产品。
◇ 调查对象年龄在 20~30 岁,包括大学生、公司职员以及中小学教师。

6. 均(书面词语,意思是都)
◇ 本日人民币对西方主要货币的收盘价均比昨日有所上升。

7. 同比增长(/下降)("同比"意思是与以往同一时期相比)
◇ 调查数据显示,春节期间本市餐饮业的营业额为 5000 万元,同比增长 4.3%。
◇ 调查结果表明,希望送子女出国读大学的人数同比下降了 8%。

8. 首先……,接着(/然后)……
◇ 我们首先了解了本市居民的收入情况,接着,我们调查了市民的周末休闲方式。
◇ 我们首先要查明事故原因,然后制定出解决方案。
◇ 王总首先听取了总工程师的工作汇报,然后,又去施工现场检查了安全设施。

9. 成(1 成是 10%)
◇ 第二季度来我市旅游的外国游客比一季度增加了 1 成。
◇ 据预测,黄金周期间,各大公园的门票收入将增加 3 成左右。

10. 半数
◇ 半数以上的员工希望减少加班时间。
◇ 超过半数的被调查者表示近期不会购买第二辆汽车。

11. 进行……调查(/检查)
◇ 我们准备进行一项市场调查。
◇ 售后服务部计划进行一项用户满意度调查。
◇ 商场近期要进行一次安全检查。

12. 采取……措施
◇ 我们要采取有力措施,提高工作效率。
◇ 必须采取有效措施,在扩大生产的同时,保证产品质量。

13. 改变……状况
◇ 改变产品积压的状况,是公司这个月的工作重点。
◇ 餐馆的食客虽然不少,可都是外地游客,回头客很少,怎么改变这种状况,我们要仔细研究。

14. **扭转……局面**
    ◇ 为了扭转目前的不利局面,公司决定聘请有关专家商量解决办法。
    ◇ 希望公司全体员工一起努力,扭转销售不景气的局面。

15. **产生……影响**
    ◇ 人民币升值,对我公司产品的出口产生了一些负面影响。
    ◇ 新政策的出台,将会对我们双方的合作产生积极影响。

16. **推出……产品(/商品/食品/用品)**
    ◇ 本行即将推出三种理财产品。
    ◇ 物美超市推出会员独享商品,吸引了大批消费者。
    ◇ 本公司新近推出了两种休闲食品。
    ◇ 新推出的几款节能生活用品市场反应不错。

数据表作文

数据表的作用跟第一课介绍的柱形图、饼图、折线图相近。如果需要说明的项目比较多,表格可以发挥更好的作用。

数据表作文的写作任务主要有三个:

1. 描述数据表反映的事实或变化;
2. 对不同的数字进行比较和说明;
3. 根据数据表总结出规律,简单分析原因或结果。

样题分析[①]

某公司计划实行弹性工作时间制度,员工们可以选择8点、8点半或者9点上班。公司规划部门对一些部门负责人进行了调查,请他们预测弹性工作时间制度对各方面工作可能产生的影响。调查结果如下表:

[①] 见《新丝路:商务汉语考试仿真模拟试题集Ⅰ》第45页写作模拟题1(李晓琪主编,北京大学出版社,2007),有改动。

弹性工作时间制度对各方面工作的影响

	负面影响	无明显影响	正面影响
内部联络	13％	87％	
会议	34％	66％	
员工积极性		9％	91％

请写一篇短文：
- 简单说明新制度对各方面工作可能产生的影响。

要求：80～120字。

写作提示

1. 任务要完成。题目要求说明新制度对各方面工作的影响。表格涉及"内部联络"、"会议"、"员工积极性"三个方面。从数据来看，被调查者对于前两个方面的看法比较一致，可放在一起说，然后说明"员工积极性方面"。

2. 词语要准确。本题建议选择下列词语：
这张数据表告诉我们　超过　被调查者　产生影响
占　分别　与此同时　9成

例文和讲评

例文1

这张数据表告诉我们，超过半数的被调查者表示，弹性工作时间制度对公司内部联络以及召开会议等方面的工作没有明显影响，认为将会产生负面影响的分别只占13％和34％。与此同时，超过9成的人认为新制度会对员工的积极性产生正面影响。（108字）

讲评

例文1可得9～10分。交际任务全部完成，条理清楚，语句通顺，能恰当地使用商务词语"分别只占13％和34％"、"超过9成的人"等。

例文2

看这张表，大部分人觉得对内部联络和会议无明显影响。13％和

34%的人觉得有负面影响。9%的人觉得员工积极性无明显影响,91%的人觉得有正面影响。(65字)

讲评

例文2可得5~6分,交际任务基本完成,但字数没有达到要求。句式比较简单,词汇也较贫乏,"觉得"使用了4次,还有一处表达不太准确,建议做如下修改:

1."9%的人觉得员工积极性无明显影响"可改为:"9%的人觉得对员工积极性无明显影响"。

2.文中"觉得"用了四次,使读者的读起来很单调,可以用"认为"或"表示"替换其中的一两个"觉得"。例如:

(1)大部分人表示对内部联络和会议无明显影响。

(2)91%的人认为有正面影响。

实践练习1

下表是2006年大新集团公司的商业运行情况。

分公司数	销售总额	同比下降	零售额	同比下降
5家	3356万元	10.5%	220.3万元	29.7%

请写一篇短文:

• 对2006年的销售情况做一个简要的总结,简单分析原因或提出建议。要求:80~120字。

写作提示

1. 本题有一定难度。写作任务有两个:

(1)总结2006年的销售情况;

(2)简单分析原因或提出建议。

2. 词语要准确。本题建议选择下列词语:

均　呈下降趋势　同比下降　运行情况　采取措施　改变状况

参考答案

2006年,由于本市新增两家大型连锁超市,大新集团公司五家分公司的销售均呈下降趋势,销售总额3356万元,同比下降10.5%;零售额220.3万元,同比下降29.7%。降幅十分明显,全年运行情况不乐观。必须采取有力措施,改变销售下降的状况。(102字)

本参考答案可得9～10分。两个交际任务完成得不错,词语准确。

日程表也是商务活动中经常使用的表格。根据日程表作文,有以下几个写作任务:

1. 描述一段时间内(一天、一周或一个月)的工作安排;
2. 指出计划的变动情况;
3. 把性质相同的工作归类。

样题分析

下表是某外贸公司部门经理张先生的工作日历。

工作日历		
7月	癸未年六月小	
8日 星期二 初九	9:00 10:20 12:00 2:00	见总经理,谈四季度预算。 与加拿大方面修改合同条款,重签。 在"一洞天"宴请新加坡"三达"公司,预订一桌,席间谈专用工作服销售问题。 与供电局谈电力供应。(昨天已谈) 去开发区施工现场处理问题。

请写一篇短文:

· 对张经理一天的工作做一个总结。

要求:80～120字。

写作提示

1. 仔细阅读表格,了解张经理一天的主要工作。

2. 任务要完成。题目要求总结张经理一天的工作,因此要说明工作的完成情况。

3. 词语要准确。本题可以按时间顺序写,建议使用下列词语:

首先　接着　中午　下午两点　赶往开发区施工现场

例文和讲评

例文1

张经理首先跟总经理谈了四季度的预算,接着通过电话和加拿大方面修改了购销合同的部分条款,并约定了重签日期。中午在"一洞天"饭庄宴请新加坡"三达"公司的李经理一行,席间谈了工作服的销售情况。下午两点张经理又赶往开发区施工现场处理漏水事件。(117字)

讲评

例文1可得9～10分。交际任务全部完成,并能恰当地有所发挥,比如:"通过电话和加拿大方面修改了购销合同的部分条款"、"又赶往开发区现场处理漏水事件"。语言准确流畅。

例文2

9点见总经理,谈四季度预算。10点20与加拿大方面修改合同条款、重签。12点在"一洞天"宴请新加坡"三达"公司,预订一桌,席间谈专用工作服销售问题。2点去新开发区施工现场处理问题。(88字)

讲评

例文2只能得5～6分,交际任务没有很好地完成:

1. 没有提到张经理;

2. 完全照抄日程表的字句。本文看上去更像是工作计划而不是工作总结。

实践练习

你是一家汽车公司总经理的秘书,《经济日报》记者下周想来采访。总经理让你安排采访时间。下表是总经理下一周的工作日程表。

5月	
7日　星期一 10:00—12:00　去生产车间 15:30　董事会议	10日　星期四 9:00　会见德国公司代表 14:00—16:00　剪彩仪式
8日　星期二 9:00　电话会议 12:30　工作午餐 贸易公司刘总	11日　星期五 9:00　东航MU567班机去广州
9日　星期三 14:00—16:00　4月总结会	12日　星期六 广州　汽车博览会
	13日　星期日

请写一篇短文：

- 向总经理说明下周已有的工作安排,然后找出两段时间,供总经理选择。

要求:80～120字。

写作提示

1. 任务要完成。本题写作任务有两个：
(1) 说明已有的工作安排；
(2) 找出两段可以用来接受采访的时间。
2. 词语要准确。本题建议选择下列词语：
安排　日程　主持(会议)　出席(剪彩仪式)　参加(博览会)　共进(午餐)

参考答案

总经理下周的日程排得较满,周五周六要去广州参加汽车博览会。周一、周四上下午都有安排。周二上午要参加一个电话会议,中午和贸易公司刘总

共进午餐。周三下午总经理要主持4月工作总结会。只有周二下午或周三上午可以安排记者采访。(108字)

参考答案可得9～10分,交际任务完成,语言流畅。

工作计划表作文

日程表着重在一段时间内工作事项的安排、变更,而计划表主要涉及一项工作的具体事项。

样题分析

你是一家服装公司市场开发部经理,下面是开发部的市场调查计划表:

羊绒衫需求意向市场调查计划表

调查目标	了解消费者对羊绒衫的需求意向
调查对象	本市四家大型商场年龄在30岁以上的消费者
调查方法	问卷调查
所需时间	2007年4月1—14日,共两周
所需人数	每家商场需派3名,共计12名
资金	预算1万元

请写一篇短文:

• 向总经理简要说明本次调查的基本情况。

要求:80～120字。

写作提示

1. 任务要完成。工作计划表作文的写作任务有:

(1) 简要说明进行某项工作的目的;

(2) 说明工作方法和所需人员、时间、资金。

2. 词语要准确。本题建议选择下列词语:

为　计划　准备　进行　调查　预计

例文和讲评

例文1

为了解消费者对羊绒衫的需求意向,开发部计划在全市范围内进行一项调查。调查对象是本市四家大型商场年龄在30岁以上的消费者。我们准备用两周的时间派12人到第一、第二百货和光明商厦、时代广场现场发放问卷。预计费用在1万元左右。(108字)

讲评

例文1可得9~10分。交际任务全部完成。词汇量丰富,用词准确,如:"在全市范围内"、"发放问卷"等,而且条理清楚,前后连贯。

例文2

为了了解人们的羊绒衫需求意向,我计划做一个调查。调查我们这里四家大型商场30岁以上的消费者。我准备用问卷来调查。从2007年4月1日到14日,需要12个人,大概1万块钱。(80字)

讲评

例文2可得6~7分,交际任务基本完成,但是文中使用的句式比较简单。此外,主语用"我",不太符合报告的写作要求,应改为"开发部"或"我部"。

实践练习

你是一家旅行社国内部主任。十一黄金周即将到来,下面是国内部的旅游产品计划表:

第二课 图表作文（二）

国内部十一特色旅游产品——蜜月旅行线路计划表

工作目标	利用黄金周推出蜜月旅行线路
目标对象	白领新婚夫妇
合作伙伴	今生缘婚庆公司
旅游线路	1. 山西五台山二日豪华大巴祈福游 2. 厦门鼓浪屿浪漫休闲双飞四日游
发团日期	10月1日—10月5日
预计发团数	五台山5个，厦门鼓浪屿3个
预计收入	40万元

请写一篇短文：

- 向总经理简要说明十一特色旅游产品计划。

要求：80~120字。

写作提示

1. 本题有两个写作任务：
（1）说出十一黄金周的特色旅游产品是什么；
（2）写明合作伙伴、目标对象、发团日期、发团数量以及预计收入。
2. 词语要准确。本题建议选择下列词语：
即将到来　与……联手（合作）　推出旅游产品　目标对象　预计

参考答案

十一黄金周即将到来，国内部计划与今生缘婚庆公司联手，推出两种特色旅游产品：五台山二日豪华大巴祈福游和厦门鼓浪屿浪漫休闲双飞四日游。目标对象是收入较高的白领新婚夫妇。从10月1日到10月5日，预计发团8个，收入在40万元左右。（111字）

本参考答案可得9~10分。交际任务完成，语言准确简练。

生 词

醒目	xǐngmù	(形)	eye-catching; conspicuous
直观	zhíguān	(形)	directly perceived; clearly seen at a glance
弹性	tánxìng	(名)	flexible; flexibility
负面	fùmiàn	(形)	negative
预算	yùsuàn	(名、动)	budget
条款	tiáokuǎn	(名)	clause; legal provision
宴请	yànqǐng	(动)	treat
施工	shīgōng	(动)	construct; construction
现场	xiànchǎng	(名)	scene; site; spot
调查	diàochá	(动、名)	investigate; survey
问卷	wènjuàn	(名)	questionnaire
谈判	tánpàn	(动)	negotiate; negotiation
联谊	liányì	(动)	get together; get-together; party
调整	tiáozhěng	(动)	adjust; adjustment
商讨	shāngtǎo	(动)	discuss; consult
均	jūn	(副)	without exception; all
收盘价	shōupánjià	(名)	closing price; closing quotation
显示	xiǎnshì	(动)	show
餐饮业	cānyǐnyè	(名)	catering (trade)
汇报	huìbào	(动)	report
预测	yùcè	(动)	predict; foresee; forecast
措施	cuòshī	(名)	measure
扭转	niǔzhuǎn	(动)	reverse a trend; put an end to
局面	júmiàn	(名)	phase; prospect; situation
聘请	pìnqǐng	(动)	hire; recruit
出台	chūtái	(动)	make known; publicize

第二课
图表作文（二）

发挥	fāhuī	（动）	bring into play
涉及	shèjí	（动）	relate to; deal with
恰当	qiàdàng	（形）	suitable; appropriate
漏水	lòu shuǐ		leak
剪彩仪式	jiǎn cǎi yíshì		ribbon-cutting ceremony
预计	yùjì	（动）	estimate; anticipate
发放	fāfàng	（动）	hand out; distribute

第三课　通知、请柬和聘书

本课介绍商务活动中经常使用的三种文书:通知、请柬和聘书。

通知是某单位用来向其他单位或个人布置工作、传达信息的文书。

通知在商务活动中应用广泛,使用频率高。通知的种类很多,篇幅可长可短。常用的通知形式有:会议通知(见范文1)、面试通知(见范文2)、布置性通知(见样题分析)、录用通知(见实践练习)等。

步骤一　掌握通知的格式

一般说来,通知由标题、主送单位(被通知的单位或个人)、正文、落款和日期组成,并有一定的格式要求。例如:

会议通知①

公司各部门经理②:
　　③一个月以来,我公司销售明显下降。为了查明原因,商讨解决方案,公司定于4月6日(星期五)下午两点在办公大楼二层第三会议室召开一季度工作

---

① 范文1字数108字。标题要居中,写明通知的事由。
② 主送单位,顶格写。
③ 正文,每段开头空两格。

总结会,务请①各部门经理、副经理准时参加。

总经理办公室
3月30日②

范文1是某公司内部的会议通知,正文部分写明了开会的目的、会议的时间、地点以及参加会议的人员。

范文2

面试通知③

张明先生:

您寄来的应聘资料已收到,谢谢。我们高兴地通知您,您已通过初选。请您于本月28日(星期三)下午两点准时来我公司办公楼三层第一会议室参加面试。请携带身份证、学历证书原件。

    此致
敬礼!④

大华公司人事处
2007年8月15日

说明:范文2和范文1有所不同,范文2是寄给应聘者的面试通知,对应聘者要适当表示客气,需要写结语"此致敬礼"。

步骤二　掌握特定表达方式

通知与短小的书信类似,要写好通知,需要掌握以下表达。

常用表达

1. **由于**
   ◇ 由于近日公司接连发生安全事故,公司决定采取措施,加强防范。
2. **我们高兴地(/荣幸地/遗憾地)通知您**(常用于通知正文的开头)

---

① 体现上级对下级的要求。
② 落款和日期居右。
③ 范文2字数109字。
④ 这是最为通用的书信结语,比较正式。"此致"前空四格,"敬礼"另起一行顶格写。

◇ 我们高兴地通知您,您已通过初选。

◇ 我们荣幸地通知您,您已被我公司录用。

◇ 我们遗憾地通知您,您未能通过我公司的初选。

3. **特此通知**(常用在通知正文的结尾)

◇ 务请各部门严格执行。特此通知。

◇ 近日,出现了新的电脑病毒"木马",各单位务必注意防范。特此通知。

4. **欢迎您……,我们期待(/预祝)您……**(常用在通知正文的结尾)

◇ 欢迎您成为我公司的一员,我们期待您的到来。

◇ 欢迎您来我商厦工作,预祝您在我商厦工作愉快。

5. **于**(意思相当于"在",书面语)

◇ 我行定于2007年5月9日(星期三)举行股东大会。

◇ 诚信律师事务所1965年成立于英国伦敦。

◇ 本公司将于7月1日起实行新的作息时间。

6. **务必**(意思相当于"一定,一定要")

务请(意思相当于"请一定"。书面语)

◇ 请务必准时出席。

◇ 近日天气干燥,务请全体市民注意防火。

7. **携带**

◇ 报名时请携带护照原件、两寸证件照片两张。

◇ 乘坐飞机时,请不要随身携带刀具等物品。

样题分析

你是一家商场总经理办公室的秘书,商场两天前发生了火灾。商场决定于近日进行安全检查。请给商场各部门负责人写一个布置性通知:

- 写清进行安全检查的目的、检查开始和结束的时间。

要求:80~120字。

第三课
通知、请柬和聘书

写作提示

1. 任务要完成。本题要求写一个总经理办公室发给各部门负责人的布置性通知,写作任务有三个:

(1) 告诉部门负责人,商场将进行安全检查,在通知的标题里就要点明;

(2) 写明进行安全检查的目的和时间;

(3) 请商场各部门做好准备。

2. 词语要准确。本题建议选择下列词语:

关于……的通知　为(了)　决定　于　进行安全检查　务请　特此通知

例文和讲评

例文1

欣欣商场关于进行安全检查的通知[①]

商场各部门负责人:

4月16日,本商场超市发生了火灾。为提高全体员工的安全意识,公司决定于4月19日至21日进行为期三天的安全检查,务请各部门做好准备。

特此通知。

总经理办公室
4月18日

讲评

例文1可得9～10分。交际任务全部完成,格式正确,标题点出了通知内容,全文语句通顺,并能正确使用书面词语"进行为期三天的安全检查、务请、特此通知"等。

[①] 本通知字数102字。

例文 2

通　　知①

商场各部门负责人：

　　4月16日,超市起了火。为让全体员工注意安全,公司决定4月19日到21日三天搞安全检查,请你们做好准备。

　　特此通知。

总经理办公室

讲评

　　例文2可得6~7分。交际任务基本完成,格式也比较正确。但是存在以下四个问题：

　　1. 标题只写"通知",没有指明通知的内容；

　　2. 发布通知的日期没有注明；

　　3. 语句基本正确,但是比较口语化,显得不够正式；

　　4. 字数71字,没有达到题目要求。

实践练习

你是一家律师事务所的秘书,你们事务所决定聘用张红做正式律师。请写一个录用通知：

- 写明报到的时间、地点和注意事项。

要求:80~120字。

写作提示

1. 任务要完成。本题要求写一个由律师事务所发出的录用通知。录用通知的写作任务有三个：

（1）告诉某人（被通知的对象）他（或她）已被录用；

（2）写明报到的时间地点；

（3）说清楚报到时需要携带哪些材料。

---

① 本通知字数71字。

2. 词语要准确。本题建议选择下列词语：

我们荣幸地通知您　聘用　欢迎您……　于　报到　务必　携带

录用通知[①]

张红女士：

我们荣幸地通知您，您已通过考核和面试，本事务所决定聘用您为正式律师，欢迎您来我事务所工作。请于9月1日上午9时到本事务所人事部报到。报到时请务必携带本通知及医院体检证明。

　　　　此致

敬礼！

公正律师事务所人事部

2009年8月15日

本参考答案可得9～10分。交际任务完成，格式正确，语句通顺。

请柬也叫请帖，是一种礼仪性的文书，目的是邀请单位或个人参加会议、典礼、聚会等活动。

写作准备

步骤一　掌握请柬的格式

请柬篇幅不长，但是需要包括：标题、被邀请对象（单位或个人）、正文、结语、落款、附言。

[①] 本通知字数115字。

请　柬①

李梅女士②：

　　③为迎接新年的到来，兹定于 2007 年 12 月 28 日（星期五）晚 7 时 30 分，在长城饭店宴会厅举办迎新年工商界人士联谊会。

　　敬请届时光临。④

　　凭此请柬入场。⑤

市工商联合会

2008 年 12 月 20 日⑥

步骤二　掌握特定表达方式

请柬和通知不同，请柬是礼仪性的，发送者和接受者的关系是平等的。需要使用礼貌用语"敬请、恭请光临"等。

常用表达

1. **兹定于　谨定于**
   ◇ 兹定于 5 月 25 日上午 9 时，在国际展览中心二层大会议厅举办贸易洽谈会。
   ◇ 为欢度国庆节，谨定于 9 月 30 日晚 7 时在友谊饭店举行国庆招待会。

2. **敬请届时光临指导　恭请……派……光临**
   ◇ 兹定于×月×日×时在×地召开时装发布会，敬请届时光临指导。
   ◇ 谨定于×月×日×时在×地举办新产品展示会，恭请贵报派记者光临。

---

① 本请柬字数 84 字。请柬标题，居中写。
② 被邀请对象顶格写。
③ 正文，要写明时间地点、举行活动的目的。
④ 这句很重要，表示邀请人的诚意。
⑤ 附言，提出特殊要求。
⑥ 落款和日期不能遗漏。

第三课
通知、请柬和聘书

样题分析

你是某公司对外联络部秘书,你们公司将于近日召开新产品发布会。请给某报社写一个请柬:

- 写明发布会时间地点和注意事项。

要求:80~120字。

写作提示

1. 任务要完成。本题要求写一个由某公司发出的请柬,写作任务有三个:
(1) 写明举办新产品展示会的目的;
(2) 写明展示会的时间地点;
(3) 使用礼貌语言,表示对被邀请对象的尊敬和活动主办方的诚意。
2. 词语要准确。本题建议选择下列词语:

为(了)　兹定于　举办　发布会　恭请派记者光临

例文和讲评

例文1

请　柬①

《经济日报》总编室:

　　为宣传我公司最新推出的大屏幕液晶电视,兹定于2009年4月14日上午10时,在国际贸易中心一层中央展示厅举办我公司新产品展示会。

　　恭请贵报派记者光临。

　　请凭此请柬出席。

大新公司
2009年4月2日

---

① 本请柬字数99字。

讲评

例文1可得9～10分。交际任务全部完成，语句通顺，能正确使用礼貌词语，并能熟练使用比较复杂的句式，如"恭请贵报派记者光临"、"在国际贸易中心一层中央展示厅举办我公司新产品展示会"。

例文2

请　柬①

定于2007年4月14日，举办公司新产品展示会。

欢迎光临。

要带请柬！

大新公司

讲评

例文2只能得3～4分。这份请柬没有写出受邀请的对象，举办产品展示会的地点以及发送请柬的时期都没有写明，字数也没有达到要求。因此，例文2只完成了一部分交际任务。此外，文中使用的词语也不太准确：

1．"欢迎光临"用于请柬不太恰当，可以改为"欢迎光临指导"或"请届时光临"。

2．"要带请柬"是一个命令句，用在请柬上不太礼貌，可以改为："请凭此请柬出席"。

实践练习

你是某大型商厦顾客服务中心的秘书，为庆祝商厦开业8周年，将举办金卡会员联谊会，请写一个请柬：

- 写明联谊会的时间地点及活动内容。

要求：80～120字。

---

① 本请柬字数36字。

第三课
通知、请柬和聘书

写作提示

1. 任务要完成。本题要求写一个由某商厦发出的请柬,写作任务有三个:
(1) 写明举办联谊活动所要达到的目的;
(2) 写明联谊活动的时间地点;
(3) 恰当使用礼貌语言,充分表达对商厦顾客的尊敬。
2. 词语要准确。本题建议选择下列词语:
为(了)　谨定于　举办　联谊会　敬请届时光临　请穿正式服装入场

参考答案

请　柬①

李明先生:

　　为庆祝新光商厦开业8周年,谨定于2008年9月16日上午11时,在商厦8层西餐厅举办金卡会员店庆联谊会。

　　敬请届时光临。

　　每柬1人,请穿正式服装入场。谢谢。

新光商厦顾客服务中心
2008年9月7日

本参考答案可得9~10分。交际任务全部完成,格式正确,表达得体。

聘 书

聘书的写法与录用通知类似,但是因为聘请的对象一般是某一行业的专家,词语使用上应更加客气。

---

① 本请柬字数94字。

写作准备

步骤一　掌握聘书的格式

聘　　书①

尊敬的钱静律师：

　　本公司成立20年来，在全体员工的努力下，取得了一定的成绩。但是近年来，对我公司产品的仿冒事件时有发生。为维护本公司的权益，特聘请您担任我公司首席法律顾问。聘期自2008年6月1日至2010年5月31日。②

　　　此致

敬礼！

大新食品公司
2008年5月20日

步骤二　掌握特定表达方式

聘书是一种正式文书，语气郑重，常用书面词语。

常用表达

1. **特聘请您担任……**
   ◇ 为维护我公司的合法权益，特聘请您担任我公司首席法律顾问。
2. **聘期自……至……，为期……**
   ◇ 聘期自即日起至2011年4月30日，为期三年。
3. **我方深感荣幸**（表示对受聘者的尊重）
   ◇ 能请到您这样的专家担任技术顾问，我方深感荣幸。
4. **感谢您的大力支持**（可用在聘书正文结尾，表示礼貌）
   ◇ 特聘请您担任大赛的评委，感谢您的大力支持。

---

① 本聘书字数120字。
② 正文要写明聘请原因、聘请职务及聘期。

实践练习

你是某旅行社对外联络部主任助理,你社即将推出新的旅游产品,请你给美术学院教授写一封聘书:

- 聘请他(她)担任宣传材料的美术指导,并说明原因。
- 写明聘期,语气要郑重。

要求:80～120字。

写作提示

1. 任务要完成。本题要求写一封聘书。写作任务有两个:

(1) 聘请他(她)担任宣传材料的美术指导,并说明原因;

(2) 写明聘期,语气要郑重。

2. 词语要准确。本题建议选择下列词语:

为宣传　特聘请您担任　聘期　感谢您的大力支持

参考答案

顺风旅游公司聘书[①]

尊敬的田刚教授:

　　本公司即将推出新的旅游产品,需要设计宣传海报和宣传手册。您是这方面的知名专家,特聘请您担任美术指导。聘期自即日起至 2009 年 5 月 31 日。

　　感谢您的大力支持。

顺风旅游公司
2009 年 4 月 20 日

本参考答案可得 9～10 分。交际任务完成,词语准确。

[①] 本聘书字数 100 字。

生　词

请柬	qǐngjiǎn	（名）	invitation
布置	bùzhì	（动）	assign
传达	chuándá	（动）	convey; communicate
频率	pínlǜ	（名）	frequency
篇幅	piānfú	（名）	length of a piece of writing
面试	miànshì	（动）	interview
录用	lùyòng	（动）	employ
携带	xiédài	（动）	carry; take
学历证书	xuélì zhèngshū		diploma
此致	cǐ zhì		here I wish to convey
敬礼	jìng lǐ		salute; send a greeting
类似	lèisì	（动）	similar
防范	fángfàn	（动）	be on guard; keep a lookout
荣幸	róngxìng	（形）	honor
病毒	bìngdú	（名）	virus
期待	qīdài	（动）	look forward
为期	wéiqī	（动）	within or for a certain period of time
聘用	pìnyòng	（动）	employ
兹	zī	（代）	now; at present; this
恭请	gōngqǐng	（动）	invite sincerely; invite respectfully
谨	jǐn	（副）	solemnly; sincerely
大屏幕	dàpíngmù	（名）	large-screen
液晶电视	yèjīng diànshì		LCD TV

仿冒	fǎngmào	（动）	counterfeit
维护	wéihù	（动）	maintain; protect
首席	shǒuxí	（形）	chief
郑重	zhèngzhòng	（形）	solemn; serious

第四课　便条、启事和声明

在第三课中,我们介绍了通知、请柬和聘书的写作方法。本课介绍商务活动中经常使用的另外三种文书:便条、启事和声明。

便条、启事和声明的共同特点是:格式类似;种类多、应用广泛。

便条也是一种短小的书信,写便条是为了向别人说明一些事情,一般用于个人和个人之间,不具有公开性。便条包括工作备忘录、请假条、托事条等。便条分为五部分:标题、收条人、正文、写条人、日期。

本课介绍在商务活动中经常使用的三种便条——工作备忘录(见范文1)、请假条(见范文2)和托事条(见范文3)。

写作准备

步骤一　掌握便条的格式

　**工作备忘录**

布置工作时写的便条我们称为工作备忘录。

工作备忘录①

王经理、赵厨师长:

　　关于4月30日晚7:00文达公司的晚宴,有两件事要注意:1.准备五种全素菜;2.主桌上摆一瓶鲜花,主桌旁放两个话筒架,话筒要无线的。

　　辛苦你们了。

赵　明
4月27日

---

① 本工作备忘录字数88字。

第四课
便条、启事和声明

范文 2 请假条

如果一个人生病或有事,不能上班或上课,需要给领导或老师写请假条。请假条的正文一般要说明请假的原因和请假时间,如果有要求,请病假应附上医院证明。

请 假 条①

王主任:

　　昨天夜里我突然发烧头疼,经检查,是流行性感冒。医生建议我卧床休息一周,特请假五天,请批准。

　　　此致

敬礼!

　　注:周五的总结报告将由我部副经理王洪代读。医院证明上班后补交。

出口部　李明
4 月 23 日

范文 3 托事条

在商务活动中,经常需要用便条跟同事联络,因个人原因请别人代办事情,要写托事条。

托 事 条②

王洪副经理:

　　昨天夜里我突然感冒头疼,医生诊断为流行性感冒,需卧床休息一周,周五的总结会我无法参加,请你代我宣读总结报告,好在报告内容你也很清楚。拜托。③

李　明
4 月 23 日

---

① 本请假条字数 98 字。
② 本托事条字数 84 字。
③ 表示客气,用于同事之间或上级对下级。

步骤二 掌握特定表达方式

便条一般篇幅较小,用词简练。为写好便条,现提供下列表达供参考。

常用表达

1. **经诊断,为…… 经检查,为…… 医生诊断为……**
   - ◇ 经诊断,为急性肠炎。
   - ◇ 经检查,为急性阑尾炎。
   - ◇ 医生诊断为流行性感冒。

2. **特(此)请假……天,请批准(/准假)**
   - ◇ 医生让我卧床休息。特(此)请假三天,请准假。
   - ◇ 明天下午,我要去施工现场处理问题,不能参加公司的会议。特此请假,请批准。

3. **拜托(/辛苦)你(们)了**
   (在说清需要对方完成的工作以后使用,是一种客气话。一般用于朋友、同事之间或上级对下级)
   - ◇ 请你代我出席明天的说明会。拜托!
   - ◇ 请大家坚持到底。辛苦你们了!

4. **能(/可)否**(意思是能不能/可以不可以)
   - ◇ 付款期限能否延长?
   - ◇ 贵方可否给予更大的优惠?

5. **有一事相求**(客气话,常用于托事条的开头)
   - ◇ 今有一事相求。能否请你代我将书款交给李明先生?
   - ◇ 现有一事相求。你可否代我参加王总的生日晚会?
   - ◇ 我有一事相求。你能否替我去机场迎接张律师?

样题分析

你是某项目负责人,你们项目组还有两名成员,请给他们二人写一个备忘录,提醒他们本周要做的几项工作。

- 写清工作内容及注意事项。

要求:80~120字。

第四课
便条、启事和声明

写作提示

1. 任务要完成。本题要求写一个工作备忘录,写作任务有两个:

(1) 告诉同事一段时间内需要完成的工作;

(2) 写明时间地点及注意事项。

2. 词语要准确。本题建议选择下列词语:

提交 提醒 向……汇报工作 务必

例文和讲评

例文1

工作备忘录①

小张、小王:

新机场的投标书下周一就要提交,有几件事提醒大家:1. 周三(25日)上午10点跟财务部核对预算;2. 周四下午请李总工程师再看一遍设计图纸;3. 周五上午9点向陈总经理汇报工作,请你们周五上午8:30务必到办公室。

刘　宁

4月23日

讲评

例文1可得9～10分。交际任务全部完成,工作时间地点交待得很清楚,词语准确、简练,比如:"新机场的投标书下周一就要提交"、"请你们周五上午8:30务必到办公室"等。

例文2

工作备忘录

小张、小王:

新机场的投标书下周就要提交,有几件事提醒大家:1.周三跟财务部

---

① 本备忘录字数111字。

核对预算;2.周四请李总工程师看设计图纸;3.周五上午9点汇报工作。请你们到办公室。

刘　宁

讲评

例文2可得6~7分。交际任务基本完成,格式也比较正确。但是存在以下两个问题:

1. 没有注明写条的日期,因此正文中的下周、周三所指时间不清楚;
2. 没有写明周五上午9点向谁汇报工作。

实践练习1

你是某物业公司的主管,某小区发生了漏水事件,你要去现场处理,不能参加下午的公司例会,请写一个请假条。

- 写清请假时间和原因。

要求:80~120字。

写作提示

1. 任务要完成。本题要求写一个请假条,写作任务是:写清请假时间和原因。

2. 词语要准确。本题建议选择下列词语:

去现场处理　不能参加例会　特此请假　此致　敬礼

参考答案

请　假　条①

周总经理:

中午12点莲花小区来电话,7号楼B座顶层住户房屋漏水,我现在要带维

---

① 本请假条字数86字。

修人员去现场处理,因此不能参加下午两点的公司例会,特此请假。

  此致
敬礼!

郑　军

4月26日　上午12:15

  本参考答案可得9~10分。交际任务全部完成,请假时间和原因写得很清楚,词语简练,格式正确。

实践练习2

  你急需一本书,但是买不到,你想托朋友代买。请写一个托事条:
- 写明你想请对方办什么事,并说清原因,注意使用礼貌语言。

要求:80~120字。

写作提示

  1. 任务要完成。本题要求写一个托事条,写作任务有两个:

(1) 写明你想请对方办什么事,并说清原因;

(2) 使用礼貌语言。

  2. 词语要准确。本题建议选择下列词语:

今有一事相求　急需　可否　拜托

参考答案

托　事　条①

志强兄:

  最近好吗?今有一事相求。我急需一本上海经济出版社出版的《商贸英语会话》,这本书在我市已经脱销,我在网上查到,上海外文书店有售,可否请

---

① 本托事条字数108字。

你代买?我公司秘书刘立下周去上海出差,他会去你处取。拜托。

方　华
6 月 5 日

本参考答案可得 9~10 分。交际任务完成,恰当地使用了礼貌语言。

启事是单位或个人向社会告知某事或请求帮助时使用的文书,具有公开性。常见的启事有:开业启事(见范文 1)、寻物启事(见样题分析)和招领启事(实践练习 1)。

写作准备

步骤一　掌握启事的格式

启事一般包括四部分:标题、正文、启事单位/个人、日期。

新新餐厅开业启事①

新新餐厅自明日起开始试营业。本餐厅一楼供应快餐,二楼供应各式川、鲁风味菜。试营业期间(1 月 8 日—15 日),菜品八五折优惠。欢迎惠顾②。

营业时间:上午 10:00—晚上 8:00③

2009 年 1 月 7 日④

步骤二　掌握特定表达方式

启事可以张贴,也可以在报纸杂志上刊登,或通过电台广播等等。写启事常用书面语。

---

① 本启事字数 97 字。标题居中写。
② 客气话,表示对顾客的欢迎。
③ 写明营业时间,方便顾客。
④ 标题中已点明餐厅名称,在此可以只写明日期。

第四课
便条、启事和声明

常用表达

1. **欢迎……惠顾**("惠顾"意思是到某商店购物或到某餐厅去用餐等)
   ◇ 本书店经过重新装修,将于5月1日开始营业,欢迎新老顾客惠顾。

2. **自……起**(意思是"从……开始")
   ◇ 自5月5日起,本店全场八折优惠。

3. **因本人不慎**("本人"意思是我,写启事、求职信时常用。"不慎"意思是不小心)
   ◇ 下车时本人不慎把手提包忘在出租车上。
   ◇ 因本人不慎,3月31日上午乘坐一线地铁时把手提包遗忘在车厢里。

4. **遗失**(相当于"丢失"、"丢")
   ◇ 因营业员工作疏忽,3月11日下午不慎将本公司营业执照副本遗失,声明作废。

5. **遗忘**(相当于"忘")
   ◇ 因本人不慎,2月15日晚7点左右将钱包遗忘在电影院的座椅上。

6. **内**(相当于"里面")
   ◇ 内有身份证、银行卡等物品。

7. **将**(相当于介词"把",比较正式)
   ◇ 请将学历证书复印件寄至上面地址。

8. **拾到者**(意思是捡到丢失物品的人)
   ◇ 拾到者请与本报联系。

9. **失主**(也说失者,意思是丢东西的人)
   ◇ 请拾到者尽快与失主联系。

10. **必有重谢　愿以现金(××元)酬谢**
    (寻物启事的最后一般要有如何表示感谢的句子)
    ◇ 请将手机交还失主,必有重谢。
    ◇ 失主愿以现金100元酬谢。

11. **请失主前来(/去)认领**(这是写招领启事的常用句)
    ◇ 我饭店员工在大堂沙发上拾到天堂牌蓝色雨伞一把,请失主前来认领。

样题分析[1]

你坐出租车时不小心把包忘在车上了。请写一则寻物启事交给交通台广播：

· 请写出上下车的时间和地点、出租车颜色品牌、包内物品、联系方式及酬谢方式。

要求：80～120字。

写作提示

1．任务要完成。本题要求写一则寻物启事，写作任务有两个：

（1）写清上下车的时间地点，出租车颜色品牌；

（2）写明丢失物品、失主联系方式和酬谢方式。

2．词语要准确。本题建议选择下列词语：

因本人不慎/不小心　把/将　丢失/遗失　内有　捡/拾　必有重谢

例文和讲评

例文1

寻物启事[2]

　　本人4月29日上午10点乘一辆蓝色大众出租车从北京路到南京路，下车时不慎将一个黑色电脑包遗忘在车上，内有海尔笔记本电脑一台。拾到者请与交通台联系。电话：82303300。失主愿以现金1000元酬谢。

失主　王明
4月29日

讲评

　　例文1可得9～10分。交际任务全部完成，格式正确，全文语句通顺，并能正确使用书面语"不慎将一个黑色电脑包遗忘在车上，内有海尔笔记本电脑一台"等。

---

[1] 见《新丝路：商务汉语考试仿真模拟试题集 I》第145页写作样题1（李晓琪主编，北京大学出版社，2007）。

[2] 本启事字数99字。

第四课
便条、启事和声明

例文 2

启　　事①

　　我 4 月 29 日上午 10 点坐出租车从北京路到南京路,下车时不小心把一个黑色电脑包忘了,里面有一台海尔笔记本电脑。发现的人给我打电话。电话:82303300。我给你 1000 块钱。

王　明
4 月 29 日

讲评

　　例文 2 可得 7 分。交际任务基本完成,但是有下面两个问题:

　　1. 标题只写"启事",不太明确,应改为:"寻物启事";

　　2. 词语比较口语化,如:"我"、"发现的人"、"我给你 1000 块钱",可以改为:"本人"、"拾到者"、"失主愿以现金 1000 元酬谢"。

实践练习

　　你是某商场保安部的秘书,前一天你商场一名员工在卫生间拾到皮包一个,请写一则招领启事:

　　• 写明拾到皮包的时间地点、包内物品及认领时间地点、联系方式。

　　要求:80～120 字。

写作提示

1. 任务要完成。本题要求写一则招领启事。写作任务有两个:

（1）写明拾到皮包的时间地点、包内物品;

（2）写清认领时间地点及联系方式。

2. 词语要准确。本题建议选择下列词语:

　　于　拾到　内有　失主　认领

---

① 本启事字数 82 字。

参考答案

招领启事①

本商场员工于5月3日晚7点在商城四层男士洗手间拾到棕色新秀丽公文包一个,内有黑色钱包一个、合同副本一份。请失主于营业时间(早9点至晚8点)来商城一层保安部认领。联系电话:2345677。

新新商场保安部
5月4日

本参考答案可得9~10分。交际任务全部完成,拾到的物品以及认领时间地点交代得很清楚,词语简练,格式正确。

声 明

声明是启事的一种,但是更有针对性,写声明一般是用来说明事实(见范文),表明立场、观点,有时也用来道歉(见实践练习)。声明的语气比较严肃。

写作准备

步骤一　掌握声明的格式

范文

质量声明②

大新食品公司生产的"味美"牌豆腐干,一直深受顾客欢迎。但是近日有报道称,"味美"牌豆腐干中含有"苏丹红"。在此,我们郑重声明:我公司产品均符合国家食品卫生标准,请广大消费者放心购买。

大新食品公司
2008年5月2日

---

① 本招领启事字数102字。
② 本声明字数107字。

步骤二 掌握特定表达方式

声明语气严肃,常用书面词语。

常用表达

1. **在此,我方(公司)郑重声明**
   ◇ 在此,我方郑重声明,我们从未有过侵犯消费者权益的行为。

2. **严重损害了我公司形象**
   ◇ 这种不负责任的说法严重损害了我公司形象。

3. **立即停止所有侵权行为**
   ◇ 我们要求该厂立即停止所有侵权行为,并向我公司道歉。

4. **我们深表歉意**
   ◇ 我们深表歉意,并愿意为此承担责任。

实践练习

你是某报社总编助理,前几天你报刊登的一则新闻没有事实根据,损害了一家知名食品公司的形象,请写一则道歉声明:

- 承认报道失实,说明原因,提出补救办法。

要求:80～120字。

写作提示

1. 任务要完成。本题要求写一则道歉声明。道歉声明的写作任务有两个:
（1）承认自己一方的过失;
（2）说明原因,提出补救办法。

2. 词语要准确。本题建议选择下列词语:
损害了……形象　深表歉意　并愿意为此承担责任

参考答案

道歉声明①

本报 5 月 1 日关于大新食品公司"味美"牌豆腐干的报道,经调查,不符合实际情况,原因是我报记者听信该公司一名被辞退员工的一面之词。这则报道损害了大新食品公司形象,在此,我们深表歉意,并愿意为此承担责任。

《经济晚报》总编室
5 月 5 日

本参考答案可得 9～10 分。交际任务完成,态度诚恳,表达得体。

生 词

请假	qǐng jià		ask for leave
晚宴	wǎnyàn	（名）	banquet
话筒	huàtǒng	（名）	microphone; loudspeaker
检查	jiǎnchá	（动）	check
卧床	wòchuáng	（动）	lie in bed
批准	pīzhǔn	（动）	approve
诊断	zhěnduàn	（动）	diagnose
宣读	xuāndú	（动）	read out; announce
拜托	bàituō	（动）	many thanks; ask a favor of
提醒	tí xǐng		remind
投标	tóu biāo		bid
提交	tíjiāo	（动）	submit
核对	héduì	（动）	double check; cross check
交代	jiāodài	（动）	tell; leave word
物业	wùyè	（名）	property; real estate

---

① 本道歉声明字数 116 字。

第四课
便条、启事和声明

例会	lìhuì	（名）	regular meeting; routine meeting
脱销	tuō xiāo		out of stock; sold out
惠顾	huìgù	（动）	patronize; your patronage
张贴	zhāngtiē	（动）	post
不慎	búshèn	（动）	not careful; carelessly
遗忘	yíwàng	（动）	forget
车厢	chēxiāng	（名）	compartment; car
遗失	yíshī	（动）	lose
拾	shí	（动）	pick up
失主	shīzhǔ	（名）	owner of lost property
现金	xiànjīn	（名）	cash
酬谢	chóuxiè	（动）	reward somebody for his kindness
认领	rènlǐng	（动）	claim
道歉	dào qiàn		apologize
苏丹红	sūdānhóng	（名）	Sudan red
符合	fúhé	（动）	conform to; accord with
损害	sǔnhài	（动）	ruin; damage
责任	zérèn	（名）	responsibility
承担	chéngdān	（动）	undertake; bear
承认	chéngrèn	（动）	admit

第五课　其他文书

第三课和第四课,我们分别讲解了几种短小的书信:通知、请柬、聘书、便条、启事和声明的写法。本课介绍与商务汉语考试第一题相对应的其他商务文书:询价函、报价函、接受函、催货书和催款书。

询价函、报价函、接受函

在商务活动中,甲方写信询问乙方产品的价格,并要求乙方寄送样品,这样的信函叫询价函,乙方给甲方的回复函就是报价函。甲方对乙方产品和价格满意,给乙方写信要求订货,我们称之为接受函。

写作准备

步骤一　掌握信函的格式

这类短小的商务信函,格式与一般书信相似,包括标题、称呼、正文、落款几部分。

步骤二　掌握特定表达方式

写商务信函要求语言准确、清晰、简洁、得体,让收信人在最短的时间内了解你的意图。掌握下列表达,有助于写好商务信函。

常用表达

1. **来信(/来函)收悉**(意思是来信收到,并了解了信的主要内容。常用于信函正文的开头)

◇ 贵公司询盘函收悉,现答复如下:……
◇ 贵处来函收悉,很高兴你方接受了我们的意见。

2. **敬候回音(/佳音)**(意思是我们耐心等着你们的回复或好消息)

3. **盼复**(希望尽快得到回复,表达自己一方的急切心情)

4. **此复**(意思是这就是我们的回复)

5. **顺颂(/即颂)商祺　此祝大吉**(意思是祝你们一切顺利)①

6. **请……(为盼)　希望……　望……**

   (提出自己一方的希望,常用在催款书、催货书正文的结尾)

   ◇ 请贵方从速办理(为盼)。
   ◇ 希望你方能给我方一个满意的答复。
   ◇ 望贵方尽快提出解决办法。

7. **仍**(意思是还,书面语)

   ◇ 不少家庭仍在使用这种老式洗衣机。
   ◇ 工程设计仍由赵总负责。

8. **未**(意思是没,放在动词前面,书面语)

   ◇ 货款至今未付。
   ◇ 贵方未按规定提供货物。
   ◇ 货物至今仍未收到。

9. **接受……条件**

   ◇ 如贵公司接受我方的条件,请于5月6日之前回复。
   ◇ 贵方提出的条件我方无法接受。

10. **缴纳(/收取)……滞纳金(/订金)**

    ◇ 过期我方将收取10%滞纳金。
    ◇ 预订商品须缴纳订金500元。

---

① 词语2—5用于信函正文的结尾,而且可以组合起来:比如:"敬候回音。此祝大吉!""盼复,并颂商祺!""此复,顺颂商祺!"等。

样题分析

你是一家贸易公司经理的秘书,你公司对兰金公司商品有兴趣。经理让你写一封询价函:

- 写明从何处得知对方商品,询问商品价格,并要求寄送样品。

要求:80～120字。

写作提示

1. 任务要完成。本题要求写一封询价函,写作任务有两个:
（1）写明从何处得知对方商品;
（2）询问商品价格,并要求寄送样品。
2. 词语要准确。本题建议选择下列词语:
对……感兴趣　能否　可否　盼复　此致　敬礼

例文和讲评

例文1

询　价　函①

兰金公司销售部:

　　日前在报上看到你们最新推出的汽车保温箱盒系列,很感兴趣,能否告知最低报价？另外,可否寄来新产品目录及样品一件？

　　盼复。　此致

敬礼！

大新贸易公司经理　刘明
2008年7月2日

---

① 本询价函字数92字。

讲评

例文1可得9～10分。交际任务全部完成,格式正确,词语准确、简练,比如"最新推出的汽车保温箱盒系列"、"可否寄来新产品目录及样品一件"等。

例文2

询 价 函[①]

兰金公司销售部:

日前在报上看到你们最新推出的系列产品,很感兴趣,我们想知道最低报价。另外,可否寄来新产品目录及样品?

此致

敬礼!

大新贸易公司经理 刘明

2008年7月2日

讲评

例文2只能得到5～6分。交际任务完成得不好,问题主要有两个:

1. 询价函应该针对具体的产品,例文2只笼统地说"你们最新推出的系列产品",很不明确;

2. 此类信函末尾应该加上"盼复"。

实践练习1

你是兰金公司销售部经理,请给大新贸易公司写一封报价函。

- 向对方表示感谢,报价,说明交货时间及付款方式,何时寄样品。

要求:80～120字。

写作提示

1. 任务要完成。本题要求写一封报价函,写作任务有三个:

(1) 向对方表示感谢;

(2) 报价,说明交货时间及付款方式;

[①] 本询价函字数82字。

（3）说明何时寄送样品。

2．词语要准确。本题建议选择下列词语：

来函收悉　感谢　交货期　请用……付款　顺颂　商祺

参考答案

报　价　函

大新贸易公司：

　　7月2日来函收悉,感谢贵方对我公司产品的关注。今天已将新产品目录及Ⅰ型保温盒样品寄出。

　　附件中是最低报价。交货期为接受订货后三周之内。请用不可撤销信用证付款。

　　顺颂

商祺！

兰金公司销售部经理　张红

2008年7月9日

本参考答案可得9～10分。3个交际任务全部完成,表达得体。

实践练习2

你是大新贸易公司经理,你方对兰金公司的产品表示满意,请写一封接受函。

- 表示接受对方的条件,写清订货数量、价格、付款方式、交货时间、地点。要求:80～120字。

写作提示

1．任务要完成。本题要求写一封报价函,写作任务有两个：

（1）表示接受对方的条件；

（2）写清订货数量、价格、付款方式、交货时间、地点。

2．注意格式。写接受函,要写清的事项较多,订货数量、价格,交货时间地点等最好分行写,每行写一项,这样一目了然。

3．词语要准确。本题建议选择下列词语:

接受……条件　订货　数量　价格　交货

参考答案

接　受　函

张红女士:

贵方报价函及样品收悉,谢谢。我方接受你们的报价,并愿意按你们的条件订货。

商品:汽车保温箱盒

规格:Ⅰ型,Ⅱ型

单价:每箱(10个装)800元

数量:150箱

结算方式:汇丰银行信用证

交货日期:2008年8月15日

交货地点:天津港

大新贸易公司
7月15日

本参考答案可得9～10分。交际任务完成,时间地点交代得很清楚,语言简练。

催货书和催款书

现代社会,邮购、网上购物、电话购物越来越普遍,消费者付了款,但没有按时收到订货,可以向有关单位写信催讨。这样的文书叫催货书。

相反,如果卖方发出了货,却没有按时收到货款,卖方需要写催款书催讨货款。

样题分析

你在一家网站订了一套书,钱也交了,但是没收到书,请写一封催货书:

· 写明订书时间、付款方式及订单号,希望对方查询,并尽快办理。

要求:80~120字。

写作提示

1. 任务要完成。本题要求写一封催货书,写作任务有两个:

(1) 写明订书时间、付款方式及订单号;

(2) 希望对方查询,并尽快办理。

2. 词语要准确。本题建议选择下列词语:

贵网站　至今未收到　查询　望……为盼

例文和讲评

例文1

催 货 书[①]

叮叮网有关负责人:

  本人是贵网站一名会员,卡号2005001。6月3日,我订购了一套《中华上下五千年》,并输入了我的万事达卡号,我一直是用这张卡付账。可是,直到今天,书还未收到。麻烦你们查询一下,我的订单号是20080603125,望尽快送来为盼。

林　林
2008年7月3日

讲评

  例文1可得9~10分。交际任务全部完成,格式正确,词语准确、简练,比如:"本人是贵网站一名会员"、"望尽快送来为盼"等。

[①] 本催货书字数119字。

例文2

催 货 书①

叮叮网有关负责人:

本人是贵网站一名会员,6月3日,我订购了一套《中华上下五千年》,并输入了我的万事达卡号,我一直是用这张卡付账。可是,直到今天,书还未收到。麻烦你们查询一下。

林 林

2008年7月3日

讲评

例文2可得5~6分。交际任务没有完成,没有写出订单号,对方无法查询。

实践练习

你是兰金公司销售部经理,请给大新贸易公司写一封催款书。
- 简单讲述双方交易经过、交货时间、已商定的付款方式;
- 点出对方未付款,限定付款期限,说明违约后果。

要求:80~120字。

写作提示

1. 任务要完成。本题要求写一封催款书,写作任务有两个:

(1) 简单讲述双方交易经过、交货时间、已商定的付款方式;

(2) 点出对方未付款,限定付款期限,说明违约后果。

2. 词语要准确。本题建议选择下列词语:

交付 货款仍未付 影响 资金周转 收取 滞纳金

---

① 本催货书字数99字。

参考答案

催 款 书

大新贸易公司：

　　8月15日，我方已将贵方所订货物——汽车Ⅰ型和Ⅱ型保温箱盒150箱交付贵方。但直到今天，贵方货款仍未付，影响了我公司的资金周转。请于9月16日前开立不可撤销信用证，过期将收取5%滞纳金。

兰金公司销售部经理　张红
2008年9月10日

本参考答案可得9～10分。交际任务全部完成，语言准确，表达得体。

生　词

询价	xún jià		enquiry; enquire for quotation
报价	bào jià		quote price; quotation
接受	jiēshòu	（动）	accept
催款	cuī kuǎn		press for payment
订货	dìng huò		order goods; place an order for goods
来函收悉	láihán shōuxī		Your letter has come to hand
敬候回音	jìnghòu huíyīn		I await your reply quietly
盼复	pànfù	（动）	I await your reply eagerly
顺颂商祺	shùn sòng shāngqí		Wishing you good luck in your business
从速	cóngsù	（动）	as soon as possible
办理	bànlǐ	（动）	handle; do; conduct
仍	réng	（副）	still
未	wèi	（副）	not yet

货款	huòkuǎn	（名）	payment for goods
缴纳	jiǎonà	（动）	pay
收取	shōuqǔ	（动）	get payment
滞纳金	zhìnàjīn	（名）	overdue fine
订金	dìngjīn	（名）	down payment
资金	zījīn	（名）	capital; fund
周转	zhōuzhuǎn	（动）	turnover

下 编

商务汉语考试——写作第二题

商务汉语考试写作部分的第二题,字数要求250字以上,内容以商务活动为主,包括业务往来书信、求职类书信、礼仪书信、说明书、广告和报告。本书的下编共有六课,是针对商务汉语考试写作第二题的写作训练。

第 六 课　书信(一)业务往来书信(上)

第 七 课　书信(二)业务往来书信(下)

第 八 课　书信(三)求职类书信

第 九 课　书信(四)礼仪书信

第 十 课　说明书和广告

第十一课　报告

第六课　书信（一）　业务往来书信（上）

在商务活动中，经常需要通过信件沟通信息、建立业务关系，这就是"业务往来书信"。第五课，我们介绍了与商务汉语考试写作第一题对应的业务往来书信——询价函、报价函和接受函。商务汉语考试写作第二题涉及的业务往来书信包括希望建立业务关系函、磋商函、索赔函和理赔函，我们准备分两课讲解。第六课"业务往来书信（上）"说明希望建立业务关系函和磋商函的写法，第七课"业务往来书信（下）"介绍索赔函、理赔函的写法。

希望建立业务关系函

在商务活动中，为了拓展业务，要积极寻找合作伙伴，建立新的业务关系。某公司或企业经过认真调查，找到自己满意的目标对象之后，主动发信介绍自己一方的情况，希望与对方开展合作，这种信函就是"希望建立业务关系函"。

写作准备

步骤一　掌握业务往来书信的格式

第五课已经说过，业务往来书信的格式与一般书信类似，包括标题、称呼、正文和落款四部分。

步骤二　掌握特定表达方式

第五课，我们已经列举了一些写业务往来书信常用的表达，下面再补充一些。

常用表达

1. **从……得知(/获悉)**

   (说明得到消息的来源,在业务往来书信中经常使用)
   - ◇ 从报上得知,贵方正在本地寻找合作伙伴。
   - ◇ 从使馆商务处获悉,贵公司即将举办成立十周年庆祝活动。

2. **予以考虑(/审查)**(书面语)
   - ◇ 以下是我方报价,希望贵方予以考虑。
   - ◇ 这是我关于改进公司管理方式的建议,请各位董事予以考虑。
   - ◇ 以上是我的述职报告,请予以审查。

3. **鉴于**(引出原因或理由)
   - ◇ 鉴于双方多年来良好的合作关系,同意给予你方5%的折扣。
   - ◇ 鉴于原材料价格大幅上涨,我方无法按照两个月以前的报价接受订单。

4. **符合……条件(/要求)**
   - ◇ 从报上得知,贵社正在招聘记者,本人符合贵社的应聘条件。
   - ◇ 经检验,贵方生产的产品不符合我方要求,我方要求退货。

5. **提供……服务(/机会)**
   - ◇ 如果贵方能与我方签约,我们将为贵方提供满意的咨询服务。
   - ◇ 欢迎参加我社组织的旅游项目,我们将为各位提供优质的导游服务。
   - ◇ 贵方为我们提供了这样一个好机会,我方非常感谢。

6. **深受……好评(/欢迎)**
   - ◇ 在公司全体员工的努力下,公司业务越做越好,深受客户好评。
   - ◇ 我公司生产的小家电,质量好,价格合理,深受顾客欢迎。

7. **满足……需求(/需要)**
   - ◇ 为了满足消费者的购买需求,我们决定引进这种新产品。
   - ◇ 目前的产量还不能满足市场需求,我们要提高产量。
   - ◇ 现在的供应量远远不能满足需要。
   - ◇ 调查显示,90平方米的住房已能满足大多数家庭的需要。

第六课
书信(一) 业务往来书信(上)

样题分析

你是某律师事务所负责人,下面是这家事务所的基本情况:

> 利年律师事务所
> 成立时间:1980年
> 专职律师:15名
> 特长:国际贸易与投资,反倾销,海事海商,公司法务等方面

请你给金松公司发一封电子邮件:
- 得知对方要寻找代理,自我推荐;
- 详细介绍事务所情况,突出特色;
- 愿意提供进一步的资料。

要求:250字以上。使用书信体。

写作提示

1. 任务要完成。本题要求写一封希望建立业务关系函。写作任务有三个:

(1) 得知对方要寻找代理,自我推荐;
(2) 详细介绍事务所情况,突出特色;
(3) 愿意提供进一步的资料。

2. 词语要准确。本题建议选择下列词语:

符合要求　予以考虑　成立于　提供……服务　有丰富的经验

深受好评　静候回音　顺颂商祺

3. 注意格式,本文要求使用书信体,格式要清晰明了。

4. 注意字数。商务汉语考试写作第二题字数要求250字以上,不能少于250字。

例文和讲评

例文1

希望建立业务关系函①

尊敬的金松公司有关负责人:

从报上得知,贵公司正在本地寻找代理律师事务所,我事务所符合贵公司的要求,现将我事务所情况介绍如下,希望你们能予以考虑。

利年律师事务所成立于1980年,现有专职律师15名,他们持有中国、美国或日本律师执照,熟练掌握中、英、日三种语言,具有很强的敬业精神,能为客户提供全面、高效率的法律服务。本事务所在国际贸易与投资、反倾销、海事海商、公司法务、金融证券、产权交易、房地产、知识产权、环境能源、互联网、民商、刑事、诉讼仲裁等方面有着丰富的经验。中国加入世界贸易组织后,事务所业务蒸蒸日上,深受客户好评。

贵公司如想进一步了解我事务所情况,欢迎约时间来我事务所参观。

静候回音。　顺颂

商祺!

利年律师事务所
2009年3月19日

讲评

例文1可得9~10分。交际任务全部完成,词语准确、简练。

例文2

希望建立业务关系函②

尊敬的金松公司有关负责人:

听说贵公司正在本地寻找代理律师事务所,我们公司非常想成为你们的代理律师事务所。现在我把事务所的情况介绍一下。请你们考虑考虑。

利年律师事务所是1980年成立的,现在有专职律师15名,他们业务

---

① 本信函字数320字。
② 本信函字数231字。

第六课
书信(一) 业务往来书信(上)

好,会外语,愿意为客户服务。我们事务所经验丰富,可以办理各方面的业务。中国加入世界贸易组织后,我们事务所业务越来越多,客户很满意。

贵公司如果想进一步了解我事务所情况,欢迎约时间来我事务所参观。

静候回音。 顺颂

商祺!

利年律师事务所
2009 年 3 月 19 日

讲评

例文 2 可得 6~7 分,存在三方面的问题:

1. 交际任务没有很好地完成,题目要求具体介绍事务所情况,突出特色。本文的介绍比较空洞。在介绍专职律师时,应该从专业的角度介绍,比如有什么执照、外语能力如何等等。

2. 本文格式虽然比较正确,但是语言比较口语化。比如:"现在我把事务所的情况介绍一下。请你们考虑考虑"、"愿意为客户服务",可以改为:"现将我事务所情况介绍如下,希望你们能予以考虑"、"能为客户提供全面、高效率的法律服务"。

3. 字数只有 231 字,没有达到要求。

实践练习

你是某贸易公司经理,你们希望成为某品牌产品在本地的代理商。请给该品牌生产厂家发一封电子邮件:

- 写明从何处得知消息,夸赞对方产品;
- 介绍自己公司情况;
- 希望对方尽快回复。

要求:250 字以上。使用书信体。

写作提示

1. 任务要完成。本题要求写一封希望建立业务关系函。写作任务有三个:
   (1) 写明从何处得知消息,夸赞对方产品;
   (2) 介绍自己公司情况;
   (3) 希望对方尽快回复。
2. 词语要准确。本题建议选择下列词语:
   推出　受到……欢迎　鉴于　建立业务关系　满足……需求
   成立于　予以考虑　静候佳音　此祝大吉
3. 注意格式,本文要求使用书信体,格式要清晰明了。

参考答案

希望建立业务关系函①

达信洁具公司:

　　近日,我方在全国家居用品博览会上,看到贵公司最新推出的新型卫生洁具。贵公司的产品式样新颖,美观大方,能够满足现代人追求时尚的需求,类似的产品在本市很难见到,如果能在此地上市,相信一定会受到顾客的欢迎。

　　我公司成立于1985年,现有员工200名,是本地最大的生活用品代理企业,拥有国内外不少知名品牌的独家代理权。

　　鉴于以上原因,我方希望能与贵方建立直接业务关系,由我方独家代理贵公司产品在本市的销售。

　　如贵方同意,我方将派工作人员前往洽谈。请贵方予以考虑。

　　静候佳音。　此祝

大吉!

河北省石家庄市石门贸易公司
2009年3月26日

---

① 本信函字数264字。

本参考答案可得 9~10 分。重点突出,交际任务完成得很好,而且条理清楚,语言准确简练。

在商务活动中,有业务联系的双方,经常通过书信就价格、包装、广告宣传等合作细节进行商讨,我们把这类书信统称为"磋商函"。

步骤一 掌握磋商函的格式

磋商函与其他业务往来书信一样,包括标题、称呼、正文、落款四部分。

步骤二 掌握特定表达方式

常用表达

1. **无法**(意思是不能)
   ◇ 连日大雪,机场关闭,我方无法按时交货。
   ◇ 原材料供应不足,我厂无法继续生产。

2. **难以**(意思是很难)
   ◇ 这样的报价我方难以接受。
   ◇ 由于种种原因,本月的销售计划恐怕难以完成。

3. **上述**(意思是上面说的)
   ◇ 如你方接受上述条件,我方愿意给予更大的优惠。
   ◇ 由于上述原因,我方决定中止合同。
   ◇ 上述货物的质量没有达到我方要求,我方要求退货。

4. **歉难同意(/接受/答应)**(意思是很抱歉,我们不能同意、接受或答应)
   ◇ 贵公司提出,运输费用由我方承担,这一点我方歉难同意。
   ◇ 贵方的报价,我公司歉难接受。
   ◇ 贵方的要求,我公司歉难答应。

5. 延长……期限
   ◇ 由于地震的发生,公路交通中断,能否延长交货期限?
   ◇ 本公司现金储备不足,能不能延长付款期限?
   ◇ 交货期限能否延长至5月8日?

6. 给予……优惠
   ◇ 如订货数量超过50台,我方将给予10%的优惠。
   ◇ 我方已给予你方比其他公司更多的优惠。

7. 缺乏……竞争力
   ◇ 贵公司的报价过高,在市场上缺乏竞争力。
   ◇ 贵厂的产品技术含量低,缺乏竞争力。

8. 拥有……独家代理权(/设备)
   ◇ 我公司拥有十家法国葡萄酒公司的独家代理权。
   ◇ 我院拥有世界先进的医疗设备。

样题分析[①]

你是明亮灯具城采购部经理,下面是副总经理给你的留言条。

留 言 条

王经理:
　　经讨论,光明公司的B5号节能灯管报价稍高,如果订购150箱,能否得到八五折优惠。另外,余款可否在收货后20日付清。你问一下。

王
6月26日

请你给光明公司销售部李明经理发一封电子邮件:
- 感谢及时回复;
- 希望降低报价,重新商定付款期限;
- 限定回复期限。

要求:250字以上。使用书信体。

[①] 见《新丝路:商务汉语考试仿真模拟试题集Ⅰ》第45页写作模拟题Ⅱ(李晓琪主编,北京大学出版社,2007)。

第六课

书信(一)　业务往来书信(上)

写作提示

1. 任务要完成。本题要求写一封磋商函。写作任务有三个：
(1) 感谢对方及时回复；
(2) 希望降低报价、修改对方提出的其他条件；
(3) 限定回复期限。
2. 词语要准确。本题建议选择下列词语：

报价函收悉　缺乏竞争力　难以接受　能否　回复　此复　顺颂商祺

例文和讲评

例文 1

价格磋商函[①]

光明公司销售部经理

李明先生：

　　贵部 6 月 22 日报价函收悉，感谢你们的及时回复。根据贵方报价，B5 号节能灯管批发单价为每箱(20 只装)2000 元。如果订购数量超过 100 箱，给予九折优惠，我方认为这个报价过高，在市场上缺乏竞争力，因此我方难以接受。

　　经办公会议讨论，我方现提出如下要求：1. 如果贵方答应给予八五折优惠，我方将订购 150 箱，而且可以考虑与贵公司建立长期业务关系；2. 目前，我方现金储备不足，余款的付款期限能否延长至收货后 20 日？

　　如贵方接受上述条件，请于 7 月 10 日以前回复。

　　此复。　顺颂

商祺！

明亮灯具城采购部经理　王红
6 月 26 日

[①] 本信函字数 252 字。

讲评

例文1可得满分9～10分。交际任务全部完成，词语准确、简练，能准确使用商务词语，比如："如果贵方答应给予八五折优惠，我方将订购150箱，而且可以考虑与贵公司建立长期业务关系"等。

例文2

价格磋商函[①]

光明公司销售部经理

李明先生：

你们的信收到了，很高兴，谢谢你们这么快回信。你们说，B5号节能灯管批发单价为每箱（20只装）2000元。如果订购数量超过100箱，给予九折优惠，我方觉得太贵，比别的公司贵多了，我们不同意。

我们的要求是：1. 如果我们能得到八五折优惠，我们就订150箱；2. 现在，我们没有那么多现金，余款能否延长至收货后20日结清？

谢谢。我们等着你们的回信。

　　顺颂

商祺！

明亮灯具城采购部经理　王红

6月26日

讲评

例文2只能得6～7分，存在三个问题：

1. 没有限定回复期限，因此交际任务没有全部完成。

2. 语言比较口语化，比如："你们的信收到了，很高兴，谢谢你们这么快回信"、"我们不同意"，可以改为："贵部×月×日来信收悉，感谢你们的及时回复"、"我方难以接受"。

3. 字数只有197字，没有达到要求。

实践练习

你是一家饮料公司宣传部经理，你公司请某广告公司负责设计新产品的电视广告。看了他们的方案以后，你方对他们聘请的广告模特不太满意。

---

① 本磋商函字数197字。

第六课

书信(一) 业务往来书信(上)

请你给广告公司经理发一封电子邮件：
- 肯定总体方案；
- 希望更换模特，并说明理由；
- 限定期限。

要求：250字以上。使用书信体。

写作提示

1. 任务要完成。本题要求写一封磋商函。写作任务有三个：

(1) 肯定总体方案；

(2) 希望更换模特，并说明理由；

(3) 限定期限。

2. 词语要准确。本题建议选择下列词语：

为了　能否　可否　予以考虑　敬候回音

参考答案

磋　商　函[①]

东方广告公司业务部经理

刘民先生：

贵方发来的"心动"运动饮料电视广告方案，经过我公司工作会议讨论，一致认为你们的设计总体感觉不错，很有新意。

但是，你们聘请的两位广告模特不太符合我们这款运动饮料的定位。"心动"产品最大的特色是年轻、有活力，而你们选的那位男明星，虽然知名度很高，但是年龄偏大。那位女模特，形象虽好，但现代感不强。

因此，我方建议：男模特选用一位二十岁左右的歌手，女模特可否请体操运动员李娟担当？

以上提议请你们予以考虑。为了不影响新产品的推出，能否请贵公司在8

[①] 本信函字数275字。

月 16 日以前将新的设计方案交给我方?

敬候回音。

宝力饮料公司宣传部　张胜

2008 年 8 月 5 日

本参考答案可得 9～10 分。交际任务全部完成,条理清楚,表达得体。

生　词

磋商	cuōshāng	(动)	consult; exchange views
予以	yǔyǐ	(动)	give; provide; grant
鉴于	jiànyú	(介,连)	in view of
给予	jǐyǔ	(动)	give; provide; grant
折扣	zhékòu	(名)	discount
无法	wúfǎ	(动)	cannot
推出	tuīchū	(动)	present
反倾销	fǎnqīngxiāo		anti-dumping
代理	dàilǐ	(动)	commercial agent
执照	zhízhào	(名)	license
诉讼	sùsòng	(动)	lawsuit
仲裁	zhòngcái	(动)	arbitrate
蒸蒸日上	zhēngzhēng rìshàng		prosper day by day
上述	shàngshù	(形)	above-mentioned
优惠	yōuhuì	(形)	preferential treatment
运输	yùnshū	(动)	transport; transportation
费用	fèiyòng	(名)	cost; expense
延长	yáncháng	(动)	extend
期限	qīxiàn	(名)	deadline
地震	dìzhèn	(动)	earthquake

第六课 书信(一) 业务往来书信(上)

现金储备	xiànjīn chǔbèi		cash reserve
缺乏	quēfá	(动)	lack
竞争力	jìngzhēnglì	(名)	competitive power
含量	hánliàng	(名)	content
余款	yúkuǎn	(名)	balance
付清	fùqīng	(动)	square accounts
结清	jiéqīng	(动)	all squared
模特	mótè	(名)	model

第七课　书信(二)　业务往来书信(下)

第六课我们介绍了希望建立业务关系函和磋商函的写法。在商务活动中,如果卖方没有按照合同规定提供货物或服务,买方会写信要求赔偿损失,这就是索赔函。卖方接受索赔所使用的信函就是理赔函。本课介绍如何写索赔函和理赔函。

写作准备

步骤一　掌握索赔函和理赔函的格式

索赔函和理赔函的格式与第六课讲解的业务往来书信一样,包括标题、称呼、正文、落款四部分。

步骤二　掌握特定表达方式

要想写好索赔函和理赔函,除第五课和第六课列举的表达方式以外,还需熟练掌握以下表达。

常用表达

1. **至于**(介词,引出新的话题)
   ◇ 我公司已将货物按时发出,至于你方为什么没有收到,责任不在我方。
   ◇ 我公司接受贵方的第一项要求,至于第二项,我方难以接受。

2. **情况属实**(意思是情况符合事实)
   ◇ 经调查,贵方反映的情况属实。
   ◇ 贵方提出,我方发货不足,经调查,情况属实。

3. **与……不符**(意思是不符合……)
   ◇ 贵方反映的情况与事实不符。
   ◇ 贵报的报道与事实不符。

◇ 我方收到的货物与样品不符。

4. **误**（意思是错误地）

◇ 误将 1000 瓶看成了 100 瓶。

◇ 装箱时误装了部分二等品。

5. **据此　为此**（"此"意思是这个,指前面所说的事情）

◇ 据此,我们要求贵方予以赔偿。

◇ 为此,我们深表歉意。

6. **不致**（意思是不会产生后面说的不好的结果）

◇ 希望我们的这次失误不致影响双方今后的合作关系。

◇ 希望这件事不致影响双方已经建立的友好关系。

7. **造成……失误（/损失/影响）**

◇ 由于我方人员的疏忽,造成了失误。

◇ 由于贵方未按时送货,给我方造成了很大损失。

◇ 由于我方的失误,给贵方造成了损失。

◇ 贵公司的做法造成了很坏的影响。

8. **损害……形象（/声誉）**

◇ 这次事件损害了我商城的形象。

◇ 由于你方的失误,严重损害了我行的声誉。

9. **予以赔偿**（意思是给某人或某单位赔偿）

◇ 我方要求你方按照合同规定,予以赔偿（给我们赔偿）。

◇ 我方将按合同规定予以赔偿（给你〈们〉赔偿）。

样题分析①

下面是你的同事给你的留言条：

留　言　条

东方百货公司采购部经理周齐平来电,他们订的 2000 箱香水 15 日已到货,但只有 200 箱。我查了一下,情况属实。缺的 1800 箱 15 天内送到,并按合同赔偿对方。

---

① 见《商务汉语考试大纲》第 61 页写作样题Ⅱ。

请你给东方百货公司采购部经理周齐平发一份传真：
- 道歉；
- 解释原因；
- 提出具体的解决办法。

要求：250字以上。使用书信体。

写作提示

1. 仔细阅读留言条，了解事情的经过。
2. 任务要完成。这个题目要求写一封理赔函，写作任务有三个：
(1) 道歉；
(2) 解释原因；
(3) 提出具体解决办法。
3. 词语要准确。本题建议选择下列词语：

来函收悉　情况属实　造成失误　为此　深表歉意　依照合同　赔偿　希望　不致　此致　敬礼

例文和讲评

例文1

发货不足理赔函[①]

东方百货公司采购部经理
周齐平先生：

　　贵部4月26日来函收悉。你方在信中说，贵部订购的2000箱香水，只收到200箱。我方立即进行了调查，情况属实。造成这一重大失误的原因是：我公司销售部员工误将订货单上的2000箱香水看成了200箱。由于我方的疏忽，影响了贵公司的销售计划。为此，我公司深表歉意，并提出以下解决办法：

　　1. 缺的1800箱香水即日起15天内（最迟5月12日）送到。
　　2. 我方将依照合同规定按货款的5%（10万元）赔偿贵方。

[①] 本理赔函字数279字。

希望我们的处理方法能使贵方满意,也希望此次事件不致影响我们今后的合作。

　　此致
敬礼!

美丽化妆品公司销售部经理
赵　敏
4月28日

讲评

　　例文1可得9~10分。三个交际任务全部完成,条理清楚,表达得体,能正确使用商务词语,并能熟练使用比较复杂的句式,如:"我公司销售部员工误将订货单上的2000箱香水看成了200箱"、"由于我方的疏忽,影响了贵公司的销售计划"等。

例文2

发货不足理赔函[①]

东方百货公司采购部经理
周齐平先生:

　　贵部4月26日来函收悉。你方在信中说,贵部订购的2000箱香水,只收到200箱。我方立即进行了调查,你方所说的情况不属实。我们已于4月15日通过大通铁路运输公司将2000箱香水运往你市,有大通运输公司发货单和发票为证(见附件)。至于你方为什么只收到200箱,责任不在我方。请贵方与大通铁路运输公司联系。

　　此复。
致礼!

　　附件:1. 大通铁路运输公司发货单复印件
　　　　2. 大通铁路运输公司发票复印件

美丽化妆品公司销售部经理
赵　敏
4月28日

[①] 本信函字数227字。

讲评

　　虽然例文2的格式基本正确,也能熟练使用商务词语,但是只能得到4～5分。主要问题有两个:

　　1. 交际任务没有完成。题目要求写一封理赔函,并提出了三项写作任务:(1)道歉;(2)解释原因;(3)提出具体解决办法。可是例文不是理赔函。

　　2. 字数只有227字,没有达到要求。

实践练习1[①]

你是婚庆公司客服部经理,下面是客服部客户投诉记录。

客户投诉记录

客户编号:200705003

投诉日期:5月10日

投诉内容:"厦门鼓浪屿浪漫休闲双飞四日游"路线和食宿都没有达到合同承诺的标准。

参团日期:5月1日—4日

请给顺风旅游公司国内部主任张强发一份传真:

- 说明双方合作事实;
- 介绍客户投诉情况;
- 要求赔偿。

要求:250字以上。使用书信体。

写作提示

1. 任务要完成。本题要求写一封索赔函。写作任务有三个:

(1) 说明双方合作事实;

(2) 介绍客户投诉情况;

(3) 要求赔偿。

[①] 请参照本书第二课"工作计划表作文"实践练习。

2. 词语要准确。本题建议选择下列词语：

贵部　要求　联手　推出蜜月旅行线路　签订协议　据……反映

造成影响　损害声誉　赔偿经济损失　请……为盼

参考答案

索　赔　函①

顺风旅游公司国内部主任

张强先生：

　　今年四月中旬，贵部要求与我公司联手推出两条蜜月旅行线路。我公司表示同意，并与贵方签订了合作协议。但是近日，有两对新婚夫妇来我公司投诉。据他们反映，你们的"厦门鼓浪屿浪漫休闲双飞四日游"，无论是线路还是食宿，均未达到合同承诺的标准。贵公司的做法在参团游客中造成了很坏的影响，并间接损害了我婚庆公司的声誉。

　　据此，我公司要求贵方：1. 退还我公司客户参团费每人1000元（名单附后）；2. 赔偿我公司经济损失5万元。

　　请贵部尽快办理为盼。

　　附件：1. 游客名单；2. 顾客投诉记录。

今生缘婚庆公司客服部经理
刘　美
5月14日

本参考答案可得9～10分。交际任务完成得很好，格式清晰明了，词语准确。

实践练习2

你是顺风旅游公司国内部主任张强，收到今生缘婚庆公司客服部刘美经理的索赔函后，请给她回一份传真：

- 道歉；
- 解释原因；
- 提出具体的解决办法。

要求：250字以上。使用书信体。

---

① 本索赔函字数270字。

写作提示

1. 仔细阅读实践练习 1 答案,了解事情的经过。
2. 任务要完成。这个题目要求写一封理赔函,写作任务有三个:
(1) 道歉;
(2) 解释原因;
(3) 提出具体解决办法。
3. 词语要准确。本题建议选择下列词语:

来函收悉　情况属实　造成影响　损害声誉　为此　深表歉意
按照合同　赔偿　不致　此致　敬礼

参考答案

理　赔　函①

今生缘婚庆公司客服部经理
刘美女士:

  贵部 5 月 14 日来函收悉。我方立即进行了调查,情况属实。原因是:我部提前一个月预订好的酒店因突然发生火灾暂停营业,我方只好临时改变住宿地点。由于黄金周期间客房紧张,其他四星级酒店都已客满,不得不选择了三星级的滨海大厦。为此,我公司深表歉意。至于旅游线路的改变,是因为天气变化,责任不在我方。我部现提出以下解决办法:

1. 退还参团旅客酒店差价每人 200 元。
2. 我方将依照协议赔偿贵方 2 万元。

  希望我们的处理方法能使贵方满意,也希望此次事件不致影响双方已经建立的友好关系。

  此致
敬礼!

顺风旅游公司国内部主任
张　强
5 月 18 日

---

① 本理赔函字数 268 字。

第七课
书信(二) 业务往来书信(下)

本参考答案可得 9～10 分。三个交际任务全部完成,词语准确简练。

生 词

赔偿	péicháng	(动)	compensate
索赔	suǒpéi	(动)	claim damages
理赔	lǐpéi	(动)	settle claims
至于	zhìyú	(介)	as for
属实	shǔshí	(动)	prove to be true
反映	fǎnyìng	(动)	report; make known; reflect
失误	shīwù	(名)	error; fault
造成	zàochéng	(动)	cause; bring about
声誉	shēngyù	(名)	reputation; fame
依照	yīzhào	(介)	according to; on the basis of
即日	jírì	(名)	today
附件	fùjiàn	(名)	attachment
承诺	chéngnuò	(动)	promise
签订	qiāndìng	(动)	sign
协议	xiéyì	(名)	agreement
退还	tuìhuán	(动)	return

第八课　书信(三)　求职类书信

本课介绍求职信、介绍信和申请信的写法。我们把它们统称为求职类书信。

写作准备

步骤一　掌握求职类书信的格式

求职类书信有固定的格式，一般包括标题、称呼、正文、落款四部分。

范文①

求　职　信

尊敬的李经理：

　　您好！日前在报上看到贵公司招聘采购部经理的启事，我对这个岗位有很大的兴趣。为了自己能有更好的职业发展，我希望有机会应聘这个岗位。

　　本人毕业于西北大学经济学院商贸专业，并于1996年获经济学硕士学位。学习期间，我曾在两家超市打工，对超市的经营有一定的体验和了解；毕业后在大华日用品公司从事销售工作5年，对消费者的需求和商品采购进货渠道比较熟悉，在这方面经验丰富。本人勇于开拓创新，性格开朗，善于与人交往，有很好的团队合作精神。我认为自己具备了超市采购部经理所需要的业务能力

---

① 见《新丝路：商务汉语考试仿真模拟试题集Ⅰ》第150页写作样题Ⅱ参考答案(李晓琪主编，北京大学出版社，2007)，有修改，字数283字。

和素质,有信心胜任这个工作。随信附上本人简历。期待您的回复。

   此致

敬礼!

王 海

2006 年 9 月 20 日

步骤二 掌握特定表达方式

  写求职类书信要求语言准确、清晰、简洁、得体,突出个人的长处和竞争力。掌握下列表达,有助于写好求职类书信。

常用表达

1. **是……最合适的人选**
   - ◇ 当美容顾问,孙慧女士是最合适的人选。
   - ◇ 本人是这个职位最合适的人选。

2. **毕业于……**(意思是从某学校或某专业毕业,比较正式)
   - ◇ 本人 2000 年毕业于山东大学新闻学院。
   - ◇ 李学汉 1990 年毕业于复旦大学经济系,是个中国通。

3. **曾(经)**(表示过去的经历,否定形式是"不曾/未曾",比较正式)
   - ◇ 毕业后,本人曾在一家网站做过编辑。
   - ◇ 这个建议我曾经提过,但没有被采纳。
   - ◇ 我不曾担任过这个职位。
   - ◇ 我公司未曾有过这样的先例。

4. **如果……我们将不胜荣幸(/感谢)**
   - ◇ 如果能把这笔生意交给我方,我们将不胜荣幸。
   - ◇ 如果贵方能为我们提供参观的机会,我们将不胜感谢。

5. **现将……介绍到……**
   - ◇ 现将周静女士介绍到贵处。
   - ◇ 现将张强先生介绍到贵公司。

6. **系**(意思是"是",书面语,多用于介绍信)
   - ◇ 现将李明先生介绍到贵厂,李明系我公司财务总监。
   - ◇ 现将张红女士介绍到贵部,张红系我事务所专职律师。

7. 应聘……一职(/职位)

   (表示:(1)提出申请,希望获得某个职位;(2)被聘请担任某一职务)

   ◇ 我写这封信,是想应聘软件工程师一职。

   ◇ 得知您应聘担任三明公司财务总监的职位,我们非常高兴。

   ◇ 有5人应聘销售部经理的职位。

8. 获(得)……学位(/职位/一职)

   ◇ 本人2005年毕业于经贸大学,获工商管理学硕士学位。

   ◇ 经过几年的努力,王总7月顺利毕业,获经济学博士学位。

   ◇ 我很希望获得销售代表这个职位。

   ◇ 李明获得财务总监一职,我们恭喜他。

9. 具备……条件(/能力/素质)

   (可以用于求职信,也可以用于推荐信、介绍信)

   ◇ 本人具备贵公司的招聘条件。

   ◇ 李明先生具备很强的工作能力。

   ◇ 王红具备一个经理人应有的素质。

10. 积累……经验

    ◇ 我想先工作,积累点儿经验再考研究生。

    ◇ 本人曾在金松公司销售部工作过两年,积累了不少销售方面的经验。

11. 发挥……才能(/优势)

    ◇ 我认为在小公司工作,可以更好地发挥自己的才能。

    ◇ 我公司应该发挥自己的人才优势。

12. 期待你们的回复　盼望你们的回音

    (用于求职信的结尾,态度诚恳,是比较口语化的说法)

    ◇ 我很希望获得这个职位。期待你们的回复。

    ◇ 在贵社,我可以更好地发挥自己的才能。盼望你们的回音。

13. 感谢……支持与帮助(/支持与信任/指教与提拔/准备工作/关注)

    ◇ 感谢你们对我社工作的支持与帮助。

    ◇ 感谢诸位长期以来对我公司的支持与信任。

    ◇ 感谢您对我的指教与提拔。

    ◇ 感谢贵方耐心细致的准备工作。

◇ 感谢各位对这一问题的关注。

14. **取得了……成绩**

◇ 我在工作方面取得了一定的成绩。

◇ 贵公司在销售方面取得了不小的成绩。

样题分析

你在报上看到一家公司在招聘机械师,请写一封求职信。

- 说明自己符合招聘条件;
- 讲清自己的学历、工作能力和工作经历;
- 随信附上证明材料。

要求:250字以上。使用书信体。

写作提示

1. 任务要完成。这个题目要求写一封求职信,写作任务有三个:

(1) 说明自己符合招聘条件;

(2) 讲清自己的学历、工作能力和工作经历;

(3) 随信附上证明材料。

2. 词语要准确。本题建议选择下列词语:

从……得知　合适的人选　应聘　曾　积累……经验　发挥……能力　予以审查　盼望你们的回音

3. 注意格式,本文要求使用书信体。

例文和讲评

例文1

求 职 信①

尊敬的新天公司负责同志：

在报上看到你们公司正在招聘机械师，我觉得自己是合适的人选。

本人2000年毕业于北京航空航天大学机械专业，毕业后在北方汽车公司任助理工程师，曾于2004年和2005年被评为先进工作者，积累了汽车制造和维修方面的经验。

本人曾于2006年5月至11月被派往美国通用汽车公司实习，英语听说读写能力可以满足工作的需要。本人身体健康，在大学期间曾是校羽毛球队队员，视力1.0，无色盲。

本人善于同别人沟通，在北方汽车公司任职期间，与同事关系良好。贵公司是国内知名企业，我相信，在贵公司，我可以更好地发挥自己的能力。因此，我希望能够成为贵公司的一员。随信附上我的学历证明、获奖证书和英语水平证书。请予以审查。盼望你们的回音。

  此致

敬礼！

王　强
2008年7月2日

讲评

例文1可得9~10分。三个交际任务全部完成，突出了自己工作经验丰富、善于与他人沟通等特长，条理清楚，能正确使用商务词语，并能熟练使用比较复杂的句式，如："积累了汽车制造和维修方面的经验"、"请予以审查。盼望你们的回音"等。

---

① 本信函字数317字。

第八课
书信（三） 求职类书信

例文 2

求　职　信[①]

尊敬的新天公司负责同志：

　　我在报纸上看到你们公司正在招聘机械师，我非常想得到这个职位。

　　当机械师一直是我的梦想，小时候，我家在飞机场附近，邻居中就有不少机械师，我觉得他们帅极了。上中学的时候，我参加过飞机模型制作比赛。高中毕业，我考上了北京航空航天大学机械专业，毕业后在北方汽车公司当助理工程师。

　　本人身体健康，在大学期间曾是校羽毛球队队员，视力 1.0，无色盲。

　　贵公司是国内知名企业，我相信，在贵公司，我可以更好地发挥自己的能力。因此，我希望能够成为贵公司的一员。盼望你们的回音。

　　此致

敬礼！

王　强
2008 年 7 月 2 日

讲评

　　例文 2 只能得 4~5 分。交际任务没有完成：

　　1. 没有讲清自己的工作能力和工作经历，重点很不突出。
　　2. 没有根据招聘方要求提供相关证明材料。

实践练习 1

　　在商务活动中，有时需要写信介绍自己的部下或好友去其他单位联系工作，这就是介绍信。

　　你是某公司总经理，你公司一职员希望去某单位参观学习，请给对方发一封介绍信：

- 点明被介绍人是谁，他/她的基本情况；
- 介绍他/她的工作才能和兴趣；
- 请对方提供机会，并表示感谢。

要求：250 字以上。使用书信体。

[①] 本信函字数 250 字。

写作提示

1. 任务要完成。本题要求写一封介绍信。写作任务有三个：
(1) 点明被介绍人是谁，他/她的基本情况；
(2) 介绍他/她的工作才能和兴趣；
(3) 请对方提供机会，并表示感谢。
2. 词语要准确。本题建议选择下列词语：
将……介绍到……　系　希望　提供……机会
如果……我们将不胜感谢　顺颂　商祺

参考答案

介　绍　信

今生缘婚庆公司对外联络部
尊敬的孙慧经理：

  现将周静女士介绍到你部。周女士系我公司员工，在我公司已工作了三年，自今年二月起担任首席美容顾问。她将于8月5日至10日到北京参加一年一度的婚庆用品博览会。

  周女士很有艺术才能，工作踏实肯干。她希望在服饰化妆及影楼经营方面进一步深造。

  今生缘婚庆公司是国内知名企业，周女士希望在京期间访问贵公司，参加你们举办的婚庆活动，并希望能跟贵公司的管理人员及美容专家进行交流。

  贵部业务繁忙，如果能给周女士提供参观学习的机会，我们将不胜感谢。
  顺颂
商祺！

西安好梦婚纱影楼总经理　张红
2008年7月5日

  本参考答案可得9～10分。交际任务全部完成，格式清晰明了，语言准确。

第八课
书信(三) 求职类书信

实践练习2

在实际工作中,如果发现自己的知识水平不能满足需要,会产生深造进修的想法,这时需要写申请信,请求上司批准。

你是某化妆品公司的销售代表,你想进一步深造,请给主任写一封申请信:

- 说明自己喜欢现在的工作;
- 写明为什么要进修;
- 希望领导批准自己停薪留职,并对单位领导的关心和提拔表示感谢。

要求:250字以上。使用书信体。

写作提示

1. 任务要完成。本题要求写一封申请信。写作任务有三个:
(1) 说明自己喜欢现在的工作;
(2) 写明为什么要进修;
(3) 希望领导批准自己停薪留职,并对单位领导的关心和提拔表示感谢。
2. 词语要准确。本题建议选择下列词语:
辞去……职务   感谢……指教和提拔/支持与帮助   取得……成绩
不能满足……需要   此致   敬礼

参考答案

申　请　信①

尊敬的刘主任:

　　我写这封信是想申请停薪留职。三年来,由于您的指教和提拔,我克服了许多困难,工作也越做越好,受到了顾客的肯定,形成了自己稳定的顾客群,取得了不错的销售业绩。我非常喜欢这里的工作环境。

　　但是,随着经济的发展,人们的生活水平有了很大提高,对化妆品的要求也越来越高。顾客们希望详细了解化妆品的功用、效果和医学根据。我渐渐感到,自己的专业知识远远不能满足工作的需要。为此,我决定继续深造。我已考取生物化学专业研究生,打算从9月开始专心读书。因此,我希望公司能

---

① 本信函字数277字。

给我一年的假期。请予以考虑。

再次感谢您三年来对我的支持和信任。

　　此致

敬礼！

金　明
2008 年 6 月 29 日

本参考答案可得 9～10 分。交际任务完成，词语准确简练。

生词

求职	qiú zhí		seek a job
招聘	zhāopìn	（动）	invite applications for
应聘	yìngpìn	（动）	apply for a position; accept an offer
毕业	bì yè		graduate
硕士	shuòshì	（名）	master(degree)
学位	xuéwèi	（名）	degree
曾	céng	（副）	once
从事	cóngshì	（动）	go in for; be engaged in
具备	jùbèi	（动）	have; possess
素质	sùzhì	（名）	quality
胜任	shèngrèn	（动）	be competent
附	fù	（动）	attach
系	xì	（动）	be
先例	xiānlì	（名）	precedent
不胜	búshèng	（动）	very; extremely
获得	huòdé	（动）	gain; acquire
博士	bóshì	（名）	Ph. D
积累	jīlěi	（动）	accumulate
优势	yōushì	（名）	superiority; dominant position

第八课
书信（三） 求职类书信

盼望	pànwàng	（动）	long for; look forward to
指教	zhǐjiào	（动）	give advice
提拔	tíbá	（动）	promote
审查	shěnchá	（动）	examine; investigate
色盲	sèmáng	（名）	color blind
深造	shēnzào	（动）	pursue advanced studies
繁忙	fánmáng	（形）	busy
停薪留职	tíng xīn liú zhí		retain one's position with one's salary suspended
克服	kèfú	（动）	overcome
困难	kùnnan	（名、形）	difficult; difficulty
稳定	wěndìng	（形）	stable; steady

第九课　书信(四)　礼仪书信

礼仪书信是商务活动中经常使用的文书。礼仪书信的共同特点是：格式类似；种类多、应用广泛。本课介绍贺信、感谢信等常见的礼仪书信。它们的格式与一般书信类似。

贺信和欢迎词

当某单位或个人取得了比较大的成绩，或是遇到了什么喜事，往往会举办一些庆祝活动。欢迎词是活动主办方对来宾表示欢迎的文书，通常以讲话的形式传达。另一方面，作为来宾或生意上的合作伙伴，如果有事不能出席，往往要写信向活动主办方表示祝贺，这就是贺信。贺信既可以宣读，也可以邮寄或通过电子邮件发送。

写作准备

步骤一　掌握贺信和欢迎词的格式

贺信的格式与一般书信类似，包括标题、称呼、正文、落款四部分。欢迎词的格式稍有不同，包括标题、称呼、正文、结语四部分，欢迎词的称呼可以是："尊敬的女士们、先生们""尊敬的各位来宾"。欢迎词的结语一般是"为……干杯"(详见下文"常用表达")。

第九课
书信（四）　礼仪书信

范文

贺　信①

三河集团公司杨总经理及各位员工：

贵公司马上就要迎来公司成立二十周年的大喜日子，我谨代表新新商场全体员工，向贵公司表示最诚挚的祝贺！②

三河公司自成立以来，一直奉行"科技领先，质量第一"的宗旨，经过全体员工的共同努力，从一家以生产收音机为主的小公司，成长为我市家用电器行业排名第一的企业，产品畅销全国，深受顾客欢迎，实在可喜可贺，令人钦佩。③

五年以来，贵公司和我商场密切合作，相互促进，建立了良好的伙伴关系。我们真诚地希望，在今后的日子里，双方能进一步扩大交流与合作。④

预祝贵公司取得更大的成就。

新新商场　赵志强
2008年5月8日

步骤二　掌握特定表达方式

写礼仪书信要求感情真挚、语言准确简练。由于是一种正式文体，常常使用书面词语。下面列举一些常用表达，供大家参考。

常用表达

1. **我谨代表（/请允许我代表）……，向（/对）……表示……**
   - ◇ 我谨代表大新食品厂全体员工，向贵公司表示诚挚的祝贺。
   - ◇ 我谨代表我和我的家人，向你们表示衷心的感谢。
   - ◇ 请允许我代表我社全体工作人员，对各位来宾的到来表示热烈的欢迎。

---

① 本贺信字数258字。
② 正文第一部分首先说明为什么写贺信，说出祝词。
③ 正文第二部分简单回顾对方公司历史及取得的成绩并表示赞扬。
④ 正文第三部分写双方的合作关系。

2. 从……,成长为……（用来说明某单位/企业的巨大变化）
   ◇ 如今已从一个只有十几人的小厂,成长为拥有2000名员工的大企业。
   ◇ 在五年的时间里,从一个只有几名员工的小书店,成长为本市最大的图书销售连锁集团。

3. 实在是可喜可贺,令人钦佩(/佩服)（这是写贺信最常用的祝词）
   ◇ 您在这么短的时间里,改变了贵商城销售不景气的状况,实在可喜可贺,令人钦佩。
   ◇ 先生经过不断努力,终于研制出适合中国市场的环保汽车,实在可喜可贺,令人佩服。

4. 我们真诚地希望……　预祝……（用来说明自己的美好愿望）
   ◇ 我们真诚地希望双方加深理解、增进友谊。
   ◇ 预祝大会圆满成功!

5. 荣升　升任
   ◇ 祝贺您荣升为总经理。
   ◇ 老王已升任新大银行经理,下月就要去上任。

6. 赴任　上任（意思是到某地去开始某种领导工作）
   ◇ 听说您不久就要去北京赴任,我们向您表示衷心的祝贺。
   ◇ 老张已被选为达信公司总裁,下周就要上任。

7. 给我(们)留下了深刻的印象
   ◇ 您的乐于助人,给我留下了深刻的印象。
   ◇ 贵公司先进的选人方式和人事管理机制,给我们留下了深刻的印象。

8. 奉行(/贯彻)……宗旨
   ◇ 我厂一直奉行"安全生产,质量第一"的宗旨。
   ◇ 我们一定要贯彻"以人为本"的宗旨,把顾客的需求放在第一位。

9. 建立……关系
   ◇ 我厂希望与贵事务所建立合作关系。
   ◇ 双方建立了良好的伙伴关系。

第九课
书信(四) 礼仪书信

10. **加强(/扩大)交流与合作**
    ◇ 希望两国加强交流与合作。
    ◇ 双方扩大了交流与合作。

11. **表示……欢迎(/感谢/谢意)**
    ◇ 对各位贵宾的到来,我们表示最热烈的欢迎。
    ◇ 首先对你们的到来,我们表示衷心的感谢。
    ◇ 对诸位的理解与支持,我们表示最诚挚的谢意。

12. **我提议,为……干杯**(用于欢迎词或答谢词的结尾)
    ◇ 最后,我提议,为各位来宾的健康,干杯!
    ◇ 最后,我提议,为我们双方进一步加强交流与合作,干杯!

样题分析

你是一家公司对外联络部主任,你公司即将举办公司创立二十周年庆祝活动,总经理要求你写一篇欢迎词。

- 对来宾表示热烈的欢迎;
- 简单介绍来宾情况及与你公司的业务关系;
- 表达良好祝愿。

要求:250字以上。使用书信体。

写作提示

1. 任务要完成。这个题目要求写一篇欢迎词,写作任务有三个:
(1) 对来宾表示热烈的欢迎;
(2) 介绍来宾,说明来宾与公司的业务关系;
(3) 结语写些祝愿的话。
2. 词语要准确。本题建议选择下列词语:
请允许我　表示欢迎　……以来　建立……合作关系　真诚地希望
加强合作　我提议　为……干杯

例文和讲评

例文 1

欢　迎　词[①]

尊敬的女士们、先生们：

在我公司成立二十周年之际，请允许我代表三河集团公司全体员工，对各位来宾的到来表示热烈的欢迎和衷心的感谢！

在座的各位，来自国内国外，有老伙伴，也有新朋友，你们在百忙之中抽时间来参加我公司成立二十周年招待会，令公司上下感到十分荣幸。

我公司成立二十年以来，与国内外的许多公司企业建立了合作关系，我们有今天的成绩，离不开各界朋友的支持和合作，请接受我们诚挚的谢意。我们真诚地希望，在今后的日子里，我们能进一步加强合作与交流，共同进步。

现在，我提议：

为我们的友谊，

为我们将来的合作，

为在座各位的健康，

干杯！

讲评

例文 1 可得 9～10 分。三个交际任务全部完成，条理清楚，表达得体，能正确使用商务词语，并能熟练使用比较复杂的句式，比如："请允许我代表三河集团公司全体员工，对各位来宾的到来表示热烈的欢迎和衷心的感谢"、"我们能进一步加强合作与交流，共同进步"等。

例文 2

欢　迎　词

尊敬的女士们、先生们：

今天是我公司成立二十周年纪念日，我代表三河集团公司全体员工，

[①] 本欢迎词次数 261 字。

第九课
书信（四） 礼仪书信

热烈欢迎大家来参加我公司的庆祝活动。感谢你们！

女士们、先生们，你们来自国内国外，有的是我们的老伙伴，有的是我们的新朋友，你们在百忙之中抽时间来参加我公司成立二十周年招待会，我们感到十分荣幸。

我公司成立二十年以来，与许多公司企业建立了合作关系。我们希望，在今后的日子里，我们能进一步加强合作与交流，共同进步。也请你们多多关照！

祝大家身体健康，家庭幸福，万事如意！干杯！

讲评

例文2只能得6～7分。字数只有224字，没有达到要求。任务完成得不是很好，与其他公司的业务联系说得过于简单。表达也不够得体，有些表达太口语化，如"我代表三河集团公司全体员工，热烈欢迎大家来参加我公司的庆祝活动。感谢你们"，虽然没有语法错误，但是不够正式，建议改为："请允许我代表三河集团公司全体员工，对各位来宾的到来表示热烈的欢迎和衷心的感谢"。

实践练习

你是一家百货商场的总经理，你在报上看到，你以前的一位合作伙伴升任某跨国公司中国北方地区执行总裁，请你给他写一封贺信：

- 说明从何处得知消息，表示祝贺；
- 简单说明与对方合作的情况，称赞对方的为人及工作态度；
- 预祝对方工作顺利，并希望进一步展开合作。

要求：250字以上。使用书信体。

写作提示

1. 任务要完成。本题要求写一封给个人的贺信，写作任务有三个：
   (1) 说明从何处得知消息，表示祝贺；
   (2) 说明与对方合作的情况，称赞对方；
   (3) 预祝对方工作顺利，希望展开合作。

2. 词语要准确。本题建议选择下列词语：

得知　荣升　上任　赴任　向您表示衷心的祝贺

预祝　希望进一步加强合作

贺　　信[①]

尊敬的马丁先生：

　　从今天出版的《经济参考》报上得知您已荣升达金公司中国北方地区执行总裁，并将于8月1日来北京上任，我感到非常高兴。在此谨向您表示衷心的祝贺！

　　马丁先生，您学生时代就以北大才子闻名，并获得硕士学位，二十多年来，您一直从事中美贸易方面的工作。我商场和您的合作开始于1999年，那时您是金松公司销售代表，您忘我的工作精神给我留下了十分深刻的印象。我们的合作十分愉快。

　　下个月您即将来北京赴任，我真诚地希望，我们能进一步加强合作。

　　预祝您在北京工作顺利，盼望早日与您见面。

　　　　敬祝

安康！

　　　　　　　　　　　　　　　　新新百货商场总经理　赵志强

　　　　　　　　　　　　　　　　　　　　2008年7月6日

本参考答案可得9~10分。交际任务全部完成，态度诚恳，表达得体。

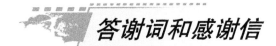

步骤一　掌握答谢词和感谢信的格式

答谢词是被邀请一方对邀请方表示敬意时发表的讲话，一般是当面表达

[①] 本贺信字数258字。

第九课
书信（四） 礼仪书信

感谢。答谢词的格式与欢迎词类似，也包括标题、称呼、正文、结语四部分。

感谢信是通过书信（或电子邮件、传真）向给予自己一方热情帮助的单位或个人表示感谢的文书。感谢信格式与一般书信相同，包括标题、称呼、正文、结语、落款五部分。

步骤二　掌握特定表达方式

写答谢词和感谢信，最重要的是态度诚恳。下面的表达对写好这两种文书很有帮助。

常用表达

1. **我（们）这次来（/去）……，有机会……，收获很大（/感到非常荣幸）**
   ◇ 我们这次来广州，有机会结识新朋友，并与他们交换意见，收获很大。
   ◇ 我这次去长春，有机会参观你们的最新生产线，感到非常荣幸。

2. **需要……支持与帮助（/理解与支持）**
   ◇ 我市经济要发展，需要在座各位及广大市民的支持与帮助。
   ◇ 要解决这些问题，需要相当长的时间，需要大家的理解与支持。

样题分析

你是某代表团秘书，你们代表团在上海参加了一个旅游博览会，团长要求你写一篇答谢词，准备在闭幕式上宣读。

- 对博览会组委会表示感谢；
- 举例说明这次参加旅游博览会的收获；
- 简单介绍你市的旅游特色；
- 祝酒。

要求：250字以上。使用书信体。

写作提示

1. 任务要完成。这个题目要求写一篇答谢词,写作任务有四个:
(1) 对博览会组委会表示感谢;
(2) 举例说明这次参加旅游博览会的收获;
(3) 简单介绍你市的旅游特色;
(4) 祝酒。
2. 词语要准确。本题建议选择下列词语:
我谨代表　表示感谢　这次来……有机会……　收获很大
需要……支持与帮助　欢迎大家去南京旅游　我提议　为……干杯

例文和讲评

例文1

答　谢　词[①]

尊敬的刘主席:

尊敬的组委会各位委员:

女士们、先生们、朋友们:

我谨代表南京代表团,向你们表示衷心的感谢,感谢组委会耐心细致的准备工作和接待工作,感谢其他代表团对我们的关注。

这次来上海参加旅游博览会,7天的时间虽然短暂,可是收获很大,见到了老朋友,也结识了新伙伴。最重要的,是把南京的新面貌展示在了世人的面前。

南京作为六朝古都,有丰富的旅游资源,我们要大力发展旅游业,需要在座各位及广大消费者的支持与帮助。欢迎大家来南京旅游。

现在,我提议:

为感谢本次博览会的组织者,

为我们的友谊,

[①] 本答谢词字数262字。

第九课
书信(四) 礼仪书信

为我们将来的合作,

为各位朋友的健康,

干杯!

讲评

例文1可得9~10分。四个交际任务全部完成,条理清楚,态度诚恳,能正确使用商务词语,并能熟练使用比较复杂的句式,比如:"我谨代表南京代表团"、"我们要大力发展旅游业,需要在座各位及广大消费者的支持与帮助"等。

例文2

答 谢 词

尊敬的女士们、先生们、朋友们:

我代表南京代表团,向你们表示衷心的感谢,这次博览会的组织工作做得很好,你们考虑得很周到,服务也很热情,给我们提供了很多方便,让我们感到很舒服。

这次来上海参加旅游博览会,我们的收获很大。感谢你们的支持和帮助!

南京是六朝古都,有非常多的名胜古迹,是一座美丽干净的城市,欢迎朋友们来南京旅游。我们将热情地招待你们。

现在,我提议:

为感谢本次博览会的组织者,

为我们的友谊,

为我们将来的合作,

为各位朋友的健康,

干杯!

讲评

例文2只能得5~6分。字数只有220字,没达到要求。交际任务没有很好地完成,体现在两个方面:

1. 表达不够得体。答谢词正文的开头,只使用"尊敬的女士们、先生们、朋友们",不提本次博览会的组织者,不太妥当。建议这样修改:

尊敬的刘主席:

尊敬的组委会各位委员：

女士们、先生们、朋友们：

2. 内容不够充实。

（1）题目要求对组委会表示感谢，但是由于答谢词正文开头没有提到组委会的成员，因此正文第一段"你们考虑得很周到，服务也很热情"中的"你们"所指不清。

（2）没有具体说明参加博览会的收获。

实践练习①

你是某婚纱影楼美容顾问，你去北京参加婚庆用品博览会的时候，得到了今生缘婚庆公司的帮助。请写一封感谢信：

- 对今生缘婚庆公司表示感谢；
- 简单总结这次参加婚庆用品博览会的收获；
- 说明对方对自己的帮助；
- 希望有机会再见。

要求：250字以上。使用书信体。

写作提示

1. 任务要完成。这个题目要求写一封感谢信，写作任务有四个：

（1）对今生缘婚庆公司表示感谢；

（2）简单总结这次参加婚庆用品博览会的收获；

（3）说明对方对自己的帮助；

（4）希望有机会再见。

2. 词语要准确。本题建议选择下列词语：

表示感谢　这次来……有机会……　感到很荣幸

有不小的收获　给我留下深刻的印象

---

① 请参照本书第八课介绍信。

第九课
书信(四) 礼仪书信

参考答案

感 谢 信

今生缘婚庆公司对外联络部
尊敬的孙慧经理：

  我是西安好梦婚纱影楼的周静，我已于昨日回到西安，我写这封信，是想向你表示感谢。我这次去北京参加婚庆用品博览会，有机会参观你们公司的展位，并参加了你们举办的婚庆活动，从中学到了很多东西。

  你们公司的管理方式，你们全心全意为顾客的服务理念，体现在活动的每一个细节，这些都给我留下了深刻的印象。

  我还要感谢你们的几位专家，通过跟他们的交谈，也让我有了不小的收获。

  希望我们有机会再见，欢迎你们来西安参观访问。

   此致
敬礼！

西安好梦婚纱影楼首席美容顾问　周静
2008年8月12日

  本参考答案可得9～10分。交际任务全部完成，态度真诚，条理清楚，用词准确。

生 词

实行	shíxíng	（动）	put into practice; carry out
宗旨	zōngzhǐ	（名）	aim; purpose
畅销	chàngxiāo	（形）	be in great demand; have a ready market
钦佩	qīnpèi	（动）	admire; esteem
真挚	zhēnzhì	（形）	genuine; sincere

简练	jiǎnliàn	（形）	succinct; concise
荣升	róngshēng	（动）	have the honor of being promoted
升任	shēngrèn	（动）	be promoted to the post of
赴任	fùrèn	（动）	go to one's post
机制	jīzhì	（名）	mechanism
贯彻	guànchè	（动）	carry out; put into effect
执行总裁	zhíxíng zǒngcái		executive president
诚恳	chéngkěn	（形）	sincere; earnest
收获	shōuhuò	（名）	gain
关注	guānzhù	（动）	show concern for
博览会	bólǎnhuì	（名）	exposition
资源	zīyuán	（名）	resource
细节	xìjié	（名）	detail

第十课　说明书和广告

第六课到第九课,我们介绍了业务往来书信、求职类书信和礼仪书信的写法。在商务活动中,说明性文书也是实用性很强的一种文书。本课讲解如何写说明书和广告。

说明书

说明书是对某种产品或服务的介绍和说明,目的是让读者了解产品或服务的特点及使用方法。

写作准备

步骤一　掌握说明书的格式

说明书主要包括标题、正文、落款三部分。

步骤二　掌握特定表达方式

写说明书和广告,要求语言准确简练。由于是一种正式文体,一般使用书面词语。下面列举一些常用表达,供大家参考。

常用表达

1. **感谢(/欢迎)您选用……**(常用于说明书正文的开头)
    ◇ 感谢您选用亮眼牌新型台灯。
    ◇ 欢迎您选用金松牌大屏幕液晶电视。

2. **由……支付(/生产)**（"由"后面的名词是动作的发出者）
   ◇ 运输费用由你方支付。
   ◇ 所有产品均由瑞士原厂生产。

3. **以免**（后面引出要避免出现的结果）
   ◇ 本产品请务必按照说明书安装和使用，以免发生危险。
   ◇ 去国外谈判应该了解对方的习惯，以免发生误会。

4. **否则**（意思是如果不是这样，引出另一种情况）
   ◇ 必须增加人力，否则本月的计划无法完成。
   ◇ 机箱后面的密封条不能撕毁，否则本公司不负责维修。

5. **免费**（意思是不收取费用）
   ◇ 保修期内，产品出现质量问题，本公司负责免费上门维修。
   ◇ 我公司定期为会员举办免费讲座。

6. **降为　升(级)为**（表示职位、地位的上升或下降）
   ◇ 一年内消费不满20000元，降为普通会员。
   ◇ 存款余额在50万元以上的顾客可升(级)为VIP顾客。

7. **获赠**（表示得到什么赠品或礼品）
   ◇ 购买洗衣机可获赠高级洗衣粉一盒。
   ◇ 消费满1000元，可获赠九折优惠卡一张。

8. **采用……技术(/配方/材料)**
   ◇ 本产品采用最先进的纳米技术，是我公司专利产品。
   ◇ 这款相机采用防抖技术，提高了照片的清晰度。
   ◇ 这种洗衣粉采用无磷配方，是一种环保产品。
   ◇ 该产品采用防水材料，是登山的理想用品。

9. **享受……服务(/优惠)**
   ◇ 顾客购买我公司生产的羊绒衫，可享受免费保养服务。
   ◇ 免费礼品包装、免费停车，是金卡会员可以享受的特别服务。
   ◇ 金卡会员购物可以享受八折优惠。

10. **满……元(/岁)**（表示达到一定的数量）
    ◇ 在我餐厅消费满百元，可得礼品一份。
    ◇ 我们不能雇用未满18岁的人。

第十课 说明书和广告

11. 持……卡

  ◇ 持奥运纪念信用卡可享受九五折优惠。
  ◇ 持金卡购物的会员可以获赠加油卡一张。

样题分析

你是一家洗衣机公司宣传部的秘书，主任让你写一篇产品说明书：

- 感谢用户购买你公司的产品；
- 说明使用注意事项，包括仔细阅读说明书、安装方法、保修期等；
- 希望你公司的产品能为消费者带来快乐。

要求：250字以上。使用书信体。

写作提示

1. 任务要完成。这个题目要求写一篇产品说明书，写作任务有三个：

（1）感谢用户购买你公司的产品；

（2）说明使用注意事项，包括仔细阅读说明书、安装方法、保修期等；

（3）希望你公司的产品能为消费者带来快乐。

2. 词语要准确。本题建议选择下列词语：

感谢您选用　采用……技术　由　免费上门维修　收取维修费

3. 注意格式。前文说过，说明书主要包括标题、正文、落款三部分。产品说明书可以采用书信的形式，正文开头的称呼使用"亲爱的用户"，这样可以给人亲切感。

例文和讲评

金松牌洗衣机使用说明书[①]

亲爱的用户：

　　感谢您选用金松牌XBG3系列全自动洗衣机。这款洗衣机采用泡沫发生技术，提高洗净度40％，使用简便，价格适中，是您理想的家务帮手。

[①] 本说明书字数294字。

下面介绍几点注意事项：

1. 使用前请仔细阅读本使用说明书。

2. 洗衣机的安装、调试、维修要由我公司专业人员进行，用户不能自行安装、拆卸，以免发生危险。

3. 本机自购买之日起三年内，在正常使用下，出现故障，本公司负责免费维修。维修网点及联系方式请参看售后服务手册。用户应保存好购机发票和保修卡。三年以后，公司免费上门服务，但要收取修理费和零件费。

您在使用中如有疑问，请拨打服务热线：800－875－7676。最后，愿本产品能为广大用户的生活增添快乐！

金松公司
2008 年 6 月

讲评

例文 1 可得 9~10 分。三个交际任务全部完成，条理清楚，表达得体，能正确使用商务词语，并能熟练使用比较复杂的句式，如"洗衣机的安装、调试、维修要由我公司专业人员进行，用户不能自行安装、拆卸，以免发生危险"等。

例文 2

金松牌洗衣机使用说明书[①]

亲爱的用户：

感谢您选用金松牌 XBG3 型全自动洗衣机。

本款洗衣机使用简便，价格适中，是您理想的家务帮手。该产品获 2006 年省级科技进步二等奖，是国家免检产品。该产品畅销全国，并远销东南亚、欧美等地区，深受顾客欢迎。

下面介绍几点注意事项：

1. 使用前请仔细阅读本使用说明书。

2. 使用中如有疑问，欢迎拨打我公司服务热线。

最后，愿本产品能为广大用户的生活增添快乐！

金松公司
2008 年 6 月

[①] 本说明书字数 190 字。

讲评

例文 2 只能得到 4～5 分。字数（190 字）没有达到要求。交际任务没有完成，写产品说明书的目的是为了使用户对产品有所了解，并能正确使用。但是例文 2 没有提供用户需要的信息，比如保修期、联系电话等。

实践练习

你是某商场顾客服务部的秘书，你商场即将推出会员金卡和银卡，顾客服务部经理让你写一篇金银卡使用说明书：

- 说明申领办法；
- 分别介绍金卡和银卡顾客可以享受的服务；
- 说清如果丢失，怎么补办；
- 感谢顾客的支持。

要求：250 字以上。使用说明文体。

写作提示

1. 任务要完成。本题要求写一篇说明书，写作任务有四个，需要分别说明下面几点：

（1）申领办法；

（2）金卡和银卡顾客可以享受的服务；

（3）如果丢失，怎么补办；

（4）感谢顾客的支持。

2. 词语要准确。本题建议选择下列词语：

消费　满……元　持……卡　升/降为……

享受……服务　否则　感谢

3. 注意格式。说明书正文可以写成条款式。

参考答案

新新商场金银卡使用说明书[①]

申领办法：当日消费累计满900元，可以成为普通会员。普通会员一年内在商场消费满30000元，可得银卡一张；持银卡半年内在商场消费满50000元，可以升级为金卡会员。

金银卡顾客可以享受以下服务：

1. 免费停车。金银卡会员当日消费满200元，可以免费停车2小时；
2. 在商城购物可以享受免费礼品包装。

金卡会员独享服务：

1. 生日时将获赠生日蛋糕一个或玫瑰花一束；
2. 可以使用商场的贵宾休息室，那里备有茶水、点心，而且可以免费上网。

有效期：一年内，银卡顾客消费满20000元，金卡顾客消费满30000元，金银卡继续有效，否则降为普通会员。

注意事项：金银卡只能本人使用，如果丢失，须交补卡费10元。

感谢各位顾客的支持！

联系电话：12345678

新新商场顾客服务部
2008年1月

本参考答案可得9～10分。交际任务完成，格式正确，条理清楚。

文字广告可以发布在网上，也可以在报刊上登载。广告的种类很多，本课介绍产品广告和招聘广告。

产品广告是企业向消费者宣传商品或服务的一种文书。广告的作用是提供跟商品或服务有关的信息。写广告要求抓住重点，语言生动活泼。广告和说明书不同，一般只写产品特长，而不介绍使用方法。

招聘广告是企业招募人才时使用的文书。写招聘广告要具体写明招聘条件、职位描述、企业联系方式等。可以使用条款式。

[①] 本说明书字数310字。

第十课
说明书和广告

写作准备

步骤一　掌握产品广告的格式

产品广告一般包括标题、正文和购买方式三部分。标题要醒目。正文可以包括：1. 该产品或服务的特点；2. 价格和生产厂家。

步骤二　掌握特定表达方式

除了前面提到的写说明书需要用到的词语以外，掌握下面的表达有助于写好广告。

常用表达

1. **有……可供选择**（用来说明产品的种类）
   ◇ 本款手机有黑、白、红和银灰四种颜色可供选择。
   ◇ 本丛书有精装和平装两种可供选择。

2. **请消费者放心购买和食用　消费者可以放心购买和使用**
   ◇ 这种食品符合国家卫生标准，请消费者放心购买和食用。
   ◇ 这种产品安全无毒，消费者可以放心购买和使用。

3. **面向**
   ◇ 我部计划推出面向都市白领的一日游项目。
   ◇ 本专业面向全市招生。

4. **谢绝**（意思是拒绝，是一种客气的说法）
   ◇ 实验室谢绝参观，谢谢合作。
   ◇ 申请信请用电子邮件发送，谢绝电话报名。

5. **执行(/符合)……标准**
   ◇ 本产品执行国家食品安全标准，质量可靠。
   ◇ 本产品执行国际统一标准。

6. **申请……专利**
   ◇ 该产品已经申请专利，禁止仿冒。
   ◇ 本产品准备申请国家专利，请你准备一下有关资料。

7. **分为……类**
   ◇ 本系列产品分为节能型、运动型和豪华型三大类。
   ◇ 这款汽车分为手动档和自动档两大类。

8. **经……批准(/同意)**（否定形式是："不经/未经……批准/同意"）
   ◇ 经国务院批准，从 2007 年 8 月 15 日起，利息税降至 5%。

◇ 版权所有,未经我社同意,不得转载。

样题分析

你是某雨具公司宣传推广部的秘书,你公司即将推出一种轻便儿童雨衣。请写一份文字广告:
- 介绍产品的材料和花色品种;
- 说明产品技术方面的优势;
- 写清产品销售地点和公司联系方式。

要求:250字以上。使用说明文体。

写作提示

1. 任务要完成。本题要求写一篇产品广告,写作任务有三个:

(1) 介绍产品的材料和花色品种;

(2) 说明产品技术方面的优势;

(3) 写清产品销售地点和公司联系方式。

2. 词语要准确。本题建议选择下列词语:

分为……类　有……可供选择　采用……材料　消费者可以放心购买和使用　执行……标准　申请……专利

例文和讲评

例文1

美观实用的"小火车"牌儿童轻便雨衣[①]

"小火车"牌系列儿童轻便雨衣,专为3—10岁儿童设计,采用优质进口透气防水材料,安全无毒,甲醛含量低于国家标准。该产品分为风雨衣和雨披两大类,款式新颖,号型齐全,而且色彩艳丽,有天蓝、橘黄、草绿、

[①] 本广告文书字数252字。见《新丝路:商务汉语考试仿真模拟试题集Ⅱ》第102页写作模拟题1 (李晓琪主编,北京大学出版社,2008)。有删改。

浅粉、银灰五种颜色可供选择,是儿童出行的必备用品。

"小火车"牌系列儿童轻便雨衣是杭州新天地公司最新研制的产品,执行国家 FZXTDEYY—2006 标准,已申请国家专利。该产品全国各大百货公司超市有售,欢迎广大消费者放心购买和使用。

生产厂家:杭州新天地有限公司

厂家联系地址:杭州市武林路 123 号。

邮编:310456

电话:0571—12345678

讲评

例文 1 可得 9~10 分。三个交际任务全部完成,条理清楚,表达得体,能正确使用商务词语,并能熟练使用比较复杂的句式,如"执行国家 FZXTDEYY—2006 标准,已申请国家专利。该产品全国各大百货公司有售,欢迎广大消费者放心购买和使用"等。

例文2

"小火车"牌儿童轻便雨衣[①]

"小火车"牌系列儿童轻便雨衣,采用优质进口材料,安全无毒,该产品分为风雨衣和雨披两大类,款式新颖,号型齐全,而且色彩艳丽,是儿童出行的必备用品。

"小火车"牌系列儿童轻便雨衣是杭州新天地公司最新研制的产品,执行国家 FZXTDEYY—2006 标准,已申请国家专利,是国家免检产品。该产品已出口到 21 个国家和地区。全国各大百货公司超市有售,欢迎广大消费者放心购买和使用。购买时请认准"小火车"牌商标。

讲评

例文 2 可得 5~6 分。交际任务完成得不好,体现在以下四方面:

1. 题目不够醒目,可改为:"美观实用的'小火车'牌儿童轻便雨衣";

2. 产品的介绍不够具体,比如只说了"色彩艳丽",没有具体说明有哪些颜色可供选择;

3. 正文结尾没有写明厂家名称、地址、电话等有用信息;

---

① 本广告文书字数 196 字。

4. 字数只有196字,没有达到题目要求。

实践练习

你是某公司人事部秘书。为拓展业务,公司决定招聘人力资源主管、副主管各一名,请写一则招聘广告:

- 简单介绍本公司情况;
- 描述职务特点,写清招聘条件;
- 写清应聘方式、所需资料。

要求:250字以上。使用说明文体。

写作提示

1. 任务要完成。本题要求写一则招聘广告,写作任务有三个:

(1) 简单介绍本公司情况;

(2) 描述职务特点,写清招聘条件;

(3) 写清应聘方式、所需资料。

2. 词语要准确。本题建议选择下列词语:

系　为了　满足……需要　经……批准　面向　招聘

职位描述　招聘条件　应聘方式　谢绝

3. 注意格式。本广告正文可以写成条款式。

参考答案

大通银行招聘广告[①]

大通银行系股份制合资银行,在世界银行中排名第120位。为了满足业务发展的需要,经广州市人事局批准,现面向广州市常住居民招聘人力资源主管、副主管各一名。

(一) 职位描述:负责银行人力资源方面的事务,协助经理进行招聘工作。有相关工作经验者优先。本行待遇优厚,有良好的晋升制度,而且定期为优秀

[①] 本广告字数331字。

工作人员提供国内外旅游的机会。

（二）招聘条件：1. 工作认真负责,有亲和力和团队合作精神,善于和人打交道,具备一定的独立工作能力；2. 熟悉招聘市场；3. 大学本科学历以上,英语听说读写能力好；4. 身体健康,年龄在45岁以下。

（三）应聘方式：请于2008年5月25日至31日将报名表（从本公司网站下载）、个人简历、身份证、学历证书、健康证明书传真至本公司,谢绝来电来访。

本公司网址：www.dtbank.com

传真号码：021－23456789

本参考答案可得9～10分。交际任务完成,语言准确,条理清楚。

生 词

以免	yǐmiǎn	（连）	lest
否则	fǒuzé	（连）	otherwise; or else; if not
撕毁	sīhuǐ	（动）	tear up; scrap
保修	bǎoxiū	（动）	guarantee
升级	shēngjí	（动）	upgrade; promote
获赠	huòzèng	（动）	get as a gift
采用	cǎiyòng	（动）	adopt; employ
配方	pèifāng	（名）	formula; recipe
纳米	nàmǐ	（量）	nanometer
专利	zhuānlì	（名）	potency
无磷	wú lín		phosphorus free
享受	xiǎngshòu	（动）	enjoy
持	chí	（动）	hold; possess
泡沫	pàomò	（名）	foam; bubble
调试	tiáoshì	（动）	go through trial runs

拆卸	chāixiè	（动）	dismantle; disassemble
故障	gùzhàng	（名）	breakdown; trouble
零件	língjiàn	（名）	spare parts
增添	zēngtiān	（动）	add; increase
登载	dēngzǎi	（动）	publish
招募	zhāomù	（动）	recruit
面向	miànxiàng	（介）	face
谢绝	xièjué	（动）	refuse; decline
执行	zhíxíng	（动）	carry out; perform; execute; enforce
转载	zhuǎnzǎi	（动）	reprint
甲醛	jiǎquán	（名）	formaldehyde
主管	zhǔguǎn	（动、名）	chief administrator
股份制	gǔfènzhì	（名）	stock-holding system
协助	xiézhù	（动）	assist; help
待遇	dàiyù	（名）	treatment; pay; remuneration
优厚	yōuhòu	（形）	favorable; attractive
晋升	jìnshēng	（动）	promote

第十一课　报　告

第十课，我们讲解了说明性文书说明书和广告的写法。本课介绍商务活动中经常使用的另外一种文书：报告。

常用的报告有述职报告和调查报告。述职报告是某部门的负责人对自己在某一段时间内的工作情况进行的总结，一般用来向上级汇报或在员工面前宣读。调查报告是在深入调查的基础上撰写的一种文书。调查报告在商务活动中使用广泛，它能客观反映市场情况，为企业制定政策提供参考依据。

写作准备

步骤一　掌握报告的格式

述职报告的格式与第九课讲解的欢迎词和答谢词类似，包括标题、姓名、称呼、正文四部分，姓名一般写在标题的下面。

市场调查报告由标题和正文两部分组成。调查报告的正文包括三部分：

1. 简单说明调查的目的、方法及经过；
2. 具体介绍调查结果；
3. 说明调查结果对工作的启示。

市场调查报告正文的写法与第一课和第二课提到的数据表作文、工作计划表作文有相似之处，也需要对数据进行分析说明。

步骤二　掌握特定表达方式

写报告要求语言准确简练，内容真实，不能夸大。由于是一种正式文书，一般使用书面语。下面列举一些写报告时常用的表达，供大家参考。

常用表达

1. **受聘担任……**（可用于述职报告正文的开头）
   ◇ 2005年9月1日,我受聘担任销售部经理。
   ◇ 2004年3月1日,张红受聘担任本公司首席法律顾问。

2. **考虑不周**（常常用来说明工作中出现的失误）
   招待不周（是对客人说的客气话）
   ◇ 由于考虑不周,没有考虑到素食者的用餐问题。
   ◇ 我方考虑不周,责任在我方。
   ◇ 条件有限,招待不周,请你们原谅。

3. **总的来说**（用来总结上文,得出结论）
   ◇ 金松公司实力雄厚,信誉好,总的来说,是个不错的合作伙伴。
   ◇ 我懂外语,有工作经验,总的来说,我做这份工作比较适合。

4. **以上**（用来总结上文）
   ◇ 以上就是这个月的销售业绩,请大家发表意见。
   ◇ 以上就是事情发生的经过,各位有什么看法?

5. **对……有需求**
   ◇ 只有5%的受访者表示对手机聊天业务有需求。
   ◇ 对理财软件有需求的消费者年龄在35—45岁之间。

6. **作为**
   ◇ 作为商家,应该坚持"顾客第一"的宗旨。
   ◇ 我买这部电子词典,是想作为生日礼物送给朋友。

7. **吸引顾客(/回头客)**
   ◇ 降低价格不一定是吸引顾客的最好方法。
   ◇ 为了吸引回头客,我们要提高服务质量。

8. **树立……形象**
   ◇ 我们公司刚刚成立,树立良好的品牌形象是十分重要的。
   ◇ 为了树立良好的企业形象,售后服务是关键。

9. **听取……意见(/建议)**
   ◇ 作为管理者,应该虚心听取员工的意见。

◇ 为了改进我们的服务,应该虚心听取顾客的建议。

10. 发放……问卷(/宣传材料)

◇ 共发放调查问卷1000份。

◇ 明天,你带几个人上街发放防火宣传材料。

11. 提供……方便(/条件/服务)

◇ 为了给乘客提供方便,我们准备了扇子。

◇ 我们要为科研人员提供良好的研究条件。

◇ 现在是旅游旺季,客户部准备提供出租自行车的服务。

12. 出(现)……问题

◇ 我们要认真调查,看看是哪个环节出了问题。

◇ 我看我们在沟通上出现了问题。

13. 引起……不满(/注意/重视)

◇ 新的考勤制度引起了员工的不满。

◇ 产品质量下降问题应该引起我们的注意。

◇ 消费者的意见应该引起我们的重视。

14. 改善……条件(/环境)

◇ 改善工作条件是我们需要解决的问题。

◇ 减少汽车的数量有利于改善环境。

15. 改进……方式(/工作)

◇ 我们要改进选人方式。

◇ 我们的工作需要改进。

样题分析

你受聘担任某旅行社国内部主任已满一年,请写一篇述职报告,向董事会报告:

- 重点说明自己在工作中取得的成绩;
- 分析原因,介绍经验;
- 说说自己的工作有哪些不足;
- 请董事们审查,并表示感谢。

要求:250字以上。使用书信体。

写作提示

1. 任务要完成。这个题目要求写一篇述职报告,写作任务有四个:
(1) 重点说明自己在工作中取得的成绩;
(2) 分析原因,介绍经验;
(3) 说说自己的工作有哪些不足;
(4) 请董事们审查,并表示感谢。
2. 词语要准确。本题建议选择下列词语:
受聘担任　总的来说　以上　请审查　同比增长
考虑不周　造成……投诉事件
3. 注意格式,本文要求使用书信体。

例文和讲评

例文1

我的述职报告[①]
顺风旅游公司国内部主任　张强

各位董事:

　　2007年5月我受聘担任国内部主任。一年来,由于我部全体员工的努力,国内部业务发展顺利,全年组团100个,营业额达到2000万,比上年增长10.3%。实现利润200万,同比增长11%。成绩是有的。

　　总的来说,经验有以下两点:

　　1. 坚持自己的特色,一年来,我们把目标客户定位为年轻的都市白领,在同行业中树立了自己的品牌形象。

　　2. 坚持客户第一,认真听取客户意见,定期对客户进行回访,举行联谊会,吸引了不少回头客。

　　这一年来我工作中存在的问题是:

[①] 本报告字数311字。

第十一课
报　告

在选择地方合作伙伴时,考虑不周,造成两起客户投诉事件,今后要谨慎选择合作伙伴,根据业务的需要及时建立新的业务联系。

以上是我担任国内部主任一年来的工作情况,请各位审查。谢谢。

讲评

例文1可得9~10分。四个交际任务全部完成,突出了自己在工作中取得的成绩。格式正确,语言流畅,能正确使用商务词语,并能熟练使用比较复杂的句式,比如:"2007年5月我受聘担任国内部主任"、"在同行业中树立了自己的品牌形象"等。

例文2

我的述职报告[①]

顺风旅游公司国内部主任　张强

各位董事:

我担任国内部主任一年了,国内部业务发展顺利,实现利润200万。这一年来我工作中存在的问题是:在选择地方合作伙伴时,考虑不周,听信对方的一面之词,没有认真调查,造成两起客户投诉事件。

但是,这一年,我工作认真负责,成绩是主要的。总的来说,经验有两点:

1. 坚持自己的特色,在同行业中树立了自己的品牌形象。

2. 坚持客户第一,认真听取客户意见,举行联谊会,吸引了不少回头客。

为了改善自己的工作,今后要谨慎选择合作伙伴,根据业务的需要及时建立新的业务联系。

这些是我担任国内部主任一年来的工作情况。谢谢。

讲评

例文2只能得到6~7分。交际任务完成得不好,重点不突出,没有具体说明自己在工作中取得的成绩,特别是第一段,用了不少篇幅谈自己工作中的问题。

---

① 本报告字数267字。

实践练习 1

你任某广告公司企划部经理已经两年,请写一份述职报告,向公司全体员工宣读:

- 重点说明自己在工作中取得的成绩;
- 分析原因,介绍经验;
- 说说自己的工作有哪些不足;
- 请全体员工审查,并表示感谢。

要求:250 字以上。使用书信体。

写作提示

1. 任务要完成。这个题目要求写一篇述职报告,写作任务有四个:
(1)重点说明自己在工作中取得的成绩;
(2)分析原因,介绍经验;
(3)说说自己的工作有哪些不足;
(4)请董事们审查,并表示感谢。
2. 词语要准确。本题建议选择下列词语:
受聘担任　总的来说　以上　请审查　同比增长
考虑不周　造成……投诉事件
3. 注意格式。本文要求使用书信体。

 参考答案

我的述职报告①
宣美广告公司设计部经理　高燕

各位员工:

2007 年 9 月,公司成立,我受聘担任设计部经理。两年来,公司业务发展顺利,我部的工作也取得了一定的成绩。在这两年间,我部成功地为 7 个行业

---

① 本报告字数 351 字。

第十一课
报 告

的20家企业进行了形象设计,成果包括宣传画册、电视广告、报纸杂志广告、宣传海报、商标图案等,我们的设计方案获得了绝大多数客户好评。

总的来说,经验有以下几点:

1. 员工专业、敬业,团结合作;
2. 吸取国内外先进经验,设计方案既时尚又与众不同;
3. 尊重客户的意见,重视发展长期的合作关系;

两年来我工作中存在的问题是:

1. 在进行广告设计时,有时过分追求时尚,虽迎合了年轻人的口味,但没有考虑到其他年龄层的受众特点。
2. 要坚持客户第一的原则,也要维护员工利益,拒绝客户的无理要求。

以上是我担任设计部经理一年来的工作情况,请各位审查。谢谢。

本参考答案可得9～10分。交际任务全部完成,语言准确简练。

实践练习2

你是某公司市场部经理,你部进行了一项市场调查。请写一份调查报告:

- 简单介绍调查目的、调查方法和调查经过;
- 说明调查结果;
- 指出调查结果对工作的启示。

要求:250字以上。使用报告文体。

写作提示

1. 任务要完成。本题要求写一篇调查报告,写作任务有三个:

（1）简单介绍调查目的、调查方法和调查经过;
（2）说明调查结果;
（3）指出调查结果对工作的启示。

2. 词语要准确。本题建议选择下列词语:

为（了） 进行了一项调查 发放……问卷 受访者 调查数据显示

至于 对……有需求 作为 总的来说 吸引……消费者

3. 注意格式。本文要求写一篇调查报告,前文说过,市场调查报告由标题和正文两部分组成。

参考答案

羊绒衫需求意向市场调查报告[①]

为了解消费者对羊绒衫的需求意向,开发部在全市范围内进行了一项调查。调查对象是本市四家大型商场年龄在 30 岁以上的消费者。我们用了两周的时间派 12 人到第一、第二百货和光明商厦、时代广场现场发放问卷,共收回有效问卷 1200 份。

调查数据显示,有 20% 的被调查者近期打算购买羊绒衫,35% 的受访者表示会在春节期间购买。这些对羊绒衫有需求的消费者,年龄在 30 岁到 50 岁之间。他们买羊绒衫,70% 是作为礼物赠送亲友,自己穿用的只占 30%。

至于无意购买羊绒衫的消费者,50% 认为价格无法接受,这部分人年龄在 50 岁以上。与此同时,年龄在 30—35 岁的受访者则表示,羊绒衫款式单一,不够时尚,保养起来也麻烦。

总的来说,羊绒衫市场还是有一定潜力,我们要做的有三点:1. 提高制作工艺,使保养更容易;2. 提供免费保养等服务;3. 加快新产品的研发。如能做到以上几点,相信我们一定能吸引更多消费者。

本参考答案可得 9～10 分。3 个交际任务全部完成,条理清楚,语言流畅。

生 词

述职	shù zhí		report on one's work; report
深入	shēnrù	(形)	thorough; intensive
撰写	zhuànxiě	(动)	write; compose
依据	yījù	(介)	basis

[①] 本报告字数 371 字。

第十一课
报 告

受聘	shòupìn	（动）	accept a job; agree to take a job
素食者	sùshízhě	（名）	vegetarian
实力	shílì	（名）	power
雄厚	xiónghòu	（形）	ample; abundant
信誉	xìnyù	（名）	reputation
树立	shùlì	（动）	build up; establish
伤亡	shāngwáng	（动）	casualty
虚心	xūxīn	（形）	open-minded
沟通	gōutōng	（动）	communicate
考勤	kǎoqín	（动）	attendance record; check on attendance
利润	lìrùn	（名）	profit
定位	dìngwèi	（动）	positioning
款式	kuǎnshì	（名）	pattern; style

生词总表

B

拜托	bàituō	4
办理	bànlǐ	5
报价	bào jià	5
毕业	bìyè	8
病毒	bìngdú	3
博览会	bólǎnhuì	9
博士	bóshì	8
不慎	búshèn	4
不胜	búshèng	8
布置	bùzhì	3

C

餐饮业	cānyǐnyè	2
曾	céng	8
畅销	chàngxiāo	9
车厢	chēxiāng	4
呈	chéng	1
承担	chéngdān	4
承诺	chéngnuò	7
承认	chéngrèn	4
诚恳	chéngkěn	9
酬谢	chóuxiè	4

出台	chūtái	2
出租率	chūzūlǜ	1
传达	chuándá	3
此致	cǐ zhì	3
从事	cóngshì	8
从速	cóngsù	5
催款	cuī kuǎn	5
磋商	cuōshāng	6
措施	cuòshī	2

D

大幅	dàfú	1
大屏幕	dàpíngmù	3
代理	dàilǐ	6
道歉	dào qiàn	4
地震	dìzhèn	6
调查	diàochá	2
订货	dìng huò	5
订金	dìngjīn	5
定位	dìngwèi	11

F

| 发放 | fāfàng | 2 |
| 发挥 | fāhuī | 2 |

繁忙	fánmáng	8
反倾销	fǎnqīngxiāo	6
反映	fǎnyìng	7
防范	fángfàn	3
仿冒	fǎngmào	3
费用	fèiyòng	6
分析	fēnxī	1
符合	fúhé	4
付清	fù qīng	6
负面	fùmiàn	2
附	fù	8
附件	fùjiàn	7
赴任	fùrèn	9

G

恭请	gōngqǐng	3
沟通	gōutōng	11
股票	gǔpiào	1
关注	guānzhù	9
贯彻	guànchè	9
广泛	guǎngfàn	1
规律	guīlǜ	1

H

含量	hánliàng	6
核对	héduì	4
话筒	huàtǒng	4
黄金周	huángjīnzhōu	1
汇报	huìbào	2
惠顾	huìgù	4
货款	huòkuǎn	5
获得	huòdé	8

J

机制	jīzhì	9
积累	jīlěi	8
基金	jījīn	1
即日	jírì	7
给予	jǐyǔ	6
剪彩仪式	jiǎn cǎi yíshì	2
检查	jiǎnchá	4
简练	jiǎnliàn	9
鉴于	jiànyú	6
交代	jiāodài	4
交易量	jiāoyìliàng	1
缴纳	jiǎonà	5
轿车	jiàochē	1
接受	jiēshòu	5
结清	jié qīng	6
谨	jǐn	3
竞争力	jìngzhēnglì	6
敬候回音	jìng hòu huíyīn	5
敬礼	jìng lǐ	3
局面	júmiàn	2
具备	jùbèi	8
均	jūn	2

K

考勤	kǎoqín	11
克服	kèfú	8
控制	kòngzhì	1
款式	kuǎnshì	11
困难	kùnnan	8

L

来函收悉	láihán shōuxī	5
类似	lèisì	3
理财	lǐcái	1
理赔	lǐpéi	7
利润	lìrùn	11
例会	lìhuì	4
联谊	liányì	2
漏水	lòu shuǐ	2
录用	lùyòng	3

M

面试	miànshì	3
描述	miáoshù	1
明显	míngxiǎn	1
模特	mótè	6

N

扭转	niǔzhuǎn	2

P

盼复	pàn fù	5
盼望	pànwàng	8
赔偿	péicháng	7
批准	pīzhǔn	4
篇幅	piānfú	3
频率	pínlǜ	3
聘请	pìnqǐng	2
聘用	pìnyòng	3
普遍	pǔbiàn	1

Q

期待	qīdài	3
期限	qīxiàn	6
恰当	qiàdàng	2
签订	qiāndìng	7
钦佩	qīnpèi	9
请假	qǐng jià	4
请柬	qǐngjiǎn	3
求职	qiúzhí	8
趋势	qūshì	1
缺乏	quēfá	6

R

认领	rènlǐng	4
仍	réng	5
荣升	róngshēng	9
荣幸	róngxìng	3

S

色盲	sèmáng	8
伤亡	shāngwáng	11
商讨	shāngtǎo	2
上述	shàngshù	6
涉及	shèjí	2
深入	shēnrù	11
深造	shēnzào	8
审查	shěnchá	8
升任	shēngrèn	9
声誉	shēngyù	7
胜任	shèngrèn	8
失误	shīwù	7

失主	shīzhǔ	4
施工	shīgōng	2
实力	shílì	11
实行	shíxíng	9
拾	shí	4
收获	shōuhuò	9
收盘价	shōupánjià	2
收取	shōuqǔ	5
首席	shǒuxí	3
受聘	shòu pìn	11
熟练	shúliàn	1
属实	shǔshí	7
述职	shù zhí	11
树立	shùlì	11
顺颂商祺	shùn sòng shāngqí	5
硕士	shuòshì	8
苏丹红	sūdānhóng	4
诉讼	sùsòng	6
素食者	sùshízhě	11
素质	sùzhì	8
损害	sǔnhài	4
索赔	suǒpéi	7

T

谈判	tánpàn	2
弹性	tánxìng	2
提拔	tíbá	8
提交	tíjiāo	4
提醒	tí xǐng	4
条款	tiáokuǎn	2
调整	tiáozhěng	2
停薪留职	tíng xīn liú zhí	8
投标	tóu biāo	4
投诉	tóusù	1

投资	tóuzī	1
推出	tuīchū	6
退还	tuìhuán	7
脱销	tuō xiāo	4

W

晚宴	wǎnyàn	4
为期	wéiqī	3
维护	wéihù	3
未	wèi	5
稳定	wěndìng	8
问卷	wènjuàn	2
卧床	wòchuáng	4
无法	wúfǎ	6
物业	wùyè	4

X

系	xì	8
细节	xìjié	9
先例	xiānlì	8
显示	xiǎnshì	2
现场	xiànchǎng	2
现金	xiànjīn	4
现金储备	xiànjīn chǔbèi	6
协议	xiéyì	7
携带	xiédài	3
信誉	xìnyù	11
醒目	xǐngmù	2
雄厚	xiónghòu	11
虚心	xūxīn	11
宣读	xuāndú	4
学历证书	xuélì zhèngshū	3
学位	xuéwèi	8

询价	xún jià	5

Y

延长	yáncháng	6
研修	yánxiū	1
宴请	yànqǐng	2
液晶电视	yèjīng diànshì	3
依据	yījù	11
依照	yīzhào	7
遗失	yíshī	4
遗忘	yíwàng	4
应聘	yìngpìn	8
用户	yònghù	1
优惠	yōuhuì	6
优势	yōushì	8
予以	yǔyǐ	6
余款	yúkuǎn	6
预测	yùcè	2
预计	yùjì	2
预算	yùsuàn	2
运输	yùnshū	6

Z

造成	zàochéng	7
责任	zérèn	4
增幅	zēngfú	1
张贴	zhāngtiē	4
掌握	zhǎngwò	1
招聘	zhāopìn	8
折扣	zhékòu	6
真挚	zhēnzhì	9
诊断	zhěnduàn	4
蒸蒸日上	zhēngzhēng rì shàng	6
挣	zhèng	1
郑重	zhèngzhòng	3
执行总裁	zhíxíng zǒngcái	9
执照	zhízhào	6
直观	zhíguān	2
指教	zhǐjiào	8
至于	zhìyú	7
滞纳金	zhìnàjīn	5
仲裁	zhòngcái	6
周转	zhōuzhuǎn	5
撰写	zhuànxiě	11
着装	zhuózhuāng	1
兹	zī	3
资金	zījīn	5
资源	zīyuán	9
宗旨	zōngzhǐ	9

常用表达总表

B

拜托(/辛苦)你(们)了	4
半数	2
比……减少了……百分点	1
必有重谢	4
毕业于……	8
表示……欢迎(/感谢/谢意)	9
不致	7

C

采取……措施	2
采用……技术(/配方/材料)	10
产生……影响	2
曾(经)	8
成	2
呈上升趋势	1
持续增加	1
出(现)……问题	11
此复	5
此祝大吉	5
从……,成长为……	9
从……得知(/获悉)	6
从图中我们可以看出	1
从这张工作日程表(/计划表)我们可以看出	2

D

大幅上升	1
大幅下降	1
对……有需求	11

F

发放……问卷(/宣传材料)	11
发挥……才能(/优势)	8
分别	2
分为……类	10
奉行(/贯彻)……宗旨	9
否则	10
符合……条件(/要求)	6
赴任	6

G

改进……方式(/工作)	11
改善……条件(/环境)	11
感谢(/欢迎)您选用……	10
感谢……支持与帮助(/支持与信任/指教与提拔/准备工作/关注)	8
感谢您的大力支持	3

给我(们)留下了深刻的印象	9
给予……优惠	6
恭请……派……光临	3

H

和(/同/与)……相比	1
欢迎……惠顾	4
欢迎您……，我们期待(/预祝)您……	3
获(得)……学位(/职位/一职)	8
获赠	10

J

积累……经验	8
基本持平	1
加强(/扩大)交流与合作	9
建立……关系	9
鉴于	6
将	4
降为	10
缴纳(/收取)……滞纳金(/订金)	5
接受……条件	5
仅	1
谨定于	3
进行……调查(/检查)	2
经……批准(/同意)	10
经诊断,为……经检查,为……医生诊断为……	4
敬候回音(/佳音)	5
敬请届时光临指导	3
具备……条件(/能力/素质)	8
据此	7
均	2

K

考虑不周	11

L

来信(/来函)收悉	5
立即停止所有侵权行为	4

M

满……元(/岁)	10
满足……需求(/需要)	6
免费	10
面向	10

N

内	4
难以	6
能(/可)否	4
扭转……局面	2

P

盼复	5
盼望你们的回音	8
聘期自……至……,为期……	3

Q

期待你们的回复	8
歉难同意(/接受/答应)	6
情况属实	7

请……（为盼）	5
请失主前来（/去）认领	4
请消费者放心购买和食用	10
取得了……成绩	8
缺乏……竞争力	6

R

仍	5
荣升	9
如果……我们将不胜荣幸（/感谢）	8

S

上任	9
上述	6
申请……专利	10
深受……好评（/欢迎）	6
升（级）为	10
升任	9
失主	4
实在是可喜可贺，令人钦佩（/佩服）	9
拾到者	4
是……最合适的人选	8
首先……，接着（/然后）……	2
受聘担任……	11
树立……形象	11
顺颂（/即颂）商祺	5
损害……形象（/声誉）	7

T

特（此）请假……天，请批准（/准假）	4
特此通知	3
特聘请您担任……	3
提供……方便（/条件/服务）	11
提供……服务（/机会）	6
听取……意见（/建议）	11
同比增长（/下降）	2
推出……产品（/商品/食品/用品）	2

W

望……	5
为（了）	2
为此	7
未	5
我（们）这次来（/去）……，有机会……，收获很大（/感到非常荣幸）	9
我方深感荣幸	3
我谨代表（/请允许我代表）……，向（/对）……表示……	9
我们高兴地（/荣幸地/遗憾地）通知您	3
我们深表歉意	4
我们真诚地希望……	9
我提议，为……干杯	9
务必	3
务请	3
误	7

X

吸引顾客（/回头客）	11
希望……	5
系	8
现将……介绍到……	8

相反	1
享受……服务(/优惠)	10
消费者可以放心购买和使用	10
小幅增加	1
携带	3
谢绝	10
需要……支持与帮助(/理解与支持)	9

Y

延长……期限	6
严重损害了我公司形象	4
遗失	4
遗忘	4
以及	2
以免	10
以上	11
因本人不慎	4
因此	1
引起……不满(/注意/重视)	11
应聘……一职(/职位)	8
拥有……独家代理权(/设备)	6
由……支付(/生产)	10
由此可见	1
由于	3
有……可供选择	10

有所下降	1
有所增加	1
有一事相求	4
于	3
予以考虑(/审查)	6
予以赔偿	7
与……不符	7
与此同时	1
预祝……	9
愿以现金(××元)酬谢	4

Z

在此,我方(公司)郑重声明	4
造成……失误(/损失/影响)	7
增幅达到……	1
占	1
招待不周	11
这幅(/本)图告诉我们	1
这张(/本)数据表告诉我们	2
执行(/符合)……标准	10
至于	7
兹定于	3
自……起	4
总的来说	11
总之	1
作为	11